LO QUE TUS HIJOS DEBEN SABER CUANTO ANTES

RODRIGO PALMER

e625.com

LO QUE TUS HIJOS DEBEN SABER CUANTO ANTES
e625 - 2024
Dallas, Texas
e625 ©2024 por Rodrigo Palmer

Todas las citas bíblicas son de la Nueva Traduccion VIviente (NTV)
a menos que se indique lo contrario.

Editado por: **Stefany Bremer**
Diseño interior y portada: **Bárbara Soriano**

RESERVADOS TODOS LOS DERECHOS.

IISBN 978-1-954149-67-0

IMPRESO EN ESTADOS UNIDOS

CONTENIDO

Introducción	**5**
PARTE 1: **Lo que tus hijos necesitan saber**	**11**
CAPÍTULO 1: **Poner a Dios primero**	**13**
CAPÍTULO 2: **Dios es real**	**21**
CAPÍTULO 3: **Dios es tu Padre celestial**	**27**
CAPÍTULO 4: **Fuiste creado con un propósito**	**33**
CAPÍTULO 5: **No estás solo**	**39**
CAPÍTULO 6: **Tus errores y pasado no te definen**	**45**
CAPÍTULO 7: **No te rindas**	**53**
CAPÍTULO 8: **El autocuidado y el amor propio**	**59**
CAPÍTULO 9: **Eres quien Dios dice que eres**	**67**
PARTE 2: **Lo que como padres necesitamos saber**	**75**

CAPÍTULO 10:
Nuestros pecados de crianza · **77**

CAPÍTULO 11:
¿Cómo ayudar
a nuestros hijos a conectarse con Dios? · **85**

CAPÍTULO 12:
Buenas intenciones, malos regalos · **91**

CAPÍTULO 13:
Los mejores regalos que les
podemos dar a nuestros hijos · **97**

CAPÍTULO 14:
Crianza con propósito · **105**

CAPÍTULO 15:
Etapa de corrección · **109**

CAPÍTULO 16:
Etapa de formación · **143**

CAPÍTULO 17:
Etapa de instrucción · **151**

CAPÍTULO 18:
Etapa de relación · **155**

CAPÍTULO 19:
Dudando de Dios · **159**

CAPÍTULO 20:
Conociendo a Dios como Padre · **169**

CAPÍTULO 21:
Relacionándonos con nuestro Padre celestial · **179**

CAPÍTULO 22:
El viaje continúa · **187**

INTRODUCCIÓN

Desde nuestro primer día como padres, mi esposa y yo teníamos una inquietud sobre nuestros hijos: ¿cuándo van a decidir personalmente seguir a Jesús y como podíamos ayudarlos en ese proceso? Esa inquietud me surge porque como papá y seguidor de Jesús, una de mis prioridades más grandes es que mis hijos conozcan genuina y voluntariamente a Jesús.

Junto a Lety, mi esposa, tenemos la bendición de tener dos hijos maravillosos: Valentina, que mientras escribo este libro, tiene 17 años, y Rodrigo, que tiene 14 años. Dos adolescentes. Me atrevo a asegurar como padre que nuestros hijos son uno de los tesoros más preciados en la vida. Aunque ellos nacieron en el cristianismo y desde recién nacidos asisten a la iglesia (porque no les quedaba otra, jajaja), hemos entendido que la salvación no se hereda, es una decisión personal.

El 2020 fue un año difícil para nosotros (y para casi todos), una pandemia recorrió el mundo generando temor, confusión y muerte. Fue durante ese año que tomamos la decisión de que mis suegros, Don Rafa y Doña Estelita, quienes estaban solo en su casa y necesitaban apoyo vivan en nuestra casa. Hablamos con nuestros hijos; la habitación de Valentina iba a ser la nueva habitación de mis suegros. Ella tenía 13 años en ese momento, y pasaba por una etapa de rebeldía. No quería tener absolutamente nada que ver con la iglesia y con Dios, y sus papás no éramos sus personas favoritas. Había cosas que ella quería hacer, que sabía que no le agradaban a Dios y que no concordaban con los valores y el código de familia. Por otro lado, Rodri tampoco estaba muy contento con la decisión de ahora tener que compartir la habitación con su hermana... El típico y ancestral pleito y relación amor-odio entre hermanos.

Mis suegros se mudaron con nosotros. Tomamos todas las precauciones para cuidar a la familia entera, ejecutando todas las indicaciones conocidas para evitar el virus. Pero lo más temido nos vino a acontecer: ¡nos contagiamos! Esa sensación de incertidumbre, miedo y una expectativa negativa inundó la atmósfera de la familia. Pero el punto crítico sucedió cuando mi suegro se contagió. En pocos días su estado empeoró y, sin afán de que esto sea una historia triste, mi suegro se fue con el Señor Jesús a su presencia en el tiempo de la pandemia. Obviamente, nos dolió muchísimo su pérdida. Aunque sabemos que él está con el Señor, aun así lo seguimos extrañando. Pero su muerte tuvo propósito, porque desató uno de los regalos más lindos que Lety y yo hemos recibido de Dios: la salvación voluntaria y genuina de nuestros hijos.

Durante la cuarentena iniciamos en casa algo que llamamos "altares familiares". Era un momento donde adorábamos a Dios, leíamos la Biblia y como familia hablábamos acerca de Jesús. Cabe mencionar que Vale y Rodri asistían, aunque no con una buena actitud. Poco a poco, en esos altares familiares, Dios comenzó a tratar sus corazones. Cuando muere mi suegro, después de todo el proceso de velarlo y enterrarlo, tuvimos uno de nuestros altares familiares. Fue totalmente diferente a los anteriores.

Recuerdo vívidamente esa conversación que tuve con mis hijos. Estábamos sentados en la antigua habitación de Vale (ahora la habitación de mi suegra), disfrutando de estar juntos, cuando de repente me preguntaron: "Papi, ¿dónde está mi abuelito en este momento? ¿Qué pasó con él?". Sus preguntas me tomaron por sorpresa, porque eran preguntas profundas y para nada infantiles. Me emocionó ver su hambre y curiosidad por las cosas de Dios, por la eternidad y por el destino de su abuelito.

En ese momento, sentí la responsabilidad de no solo responder a sus preguntas, sino de aprovechar cada pregunta como una oportunidad para guiarlos en su fe. Les expliqué que la Biblia es como una carta de amor de Dios para nosotros, llena de sabiduría, consuelo y orientación para nuestras vidas. Les hablé de cómo la decisión de seguir a Jesús es personal, y que su abuelito Rafa la había tomado. Como resultado, en ese momento en que estábamos en el altar familiar, él estaba con Jesús. Les expliqué que los principios de la Biblia nos ayudan a conocer mejor a Dios y a vivir de una manera que le agrade.

Su respuesta me impactó. Valentina estaba vulnerable y nos dijo que se sentía culpable por la muerte de su abuelito. No pudo valorar el que estuvieran en nuestro hogar y aprovecharlos y convivir con ellos. Ella había

INTRODUCCIÓN

estado molesta porque "le habían tomado su habitación", y se arrepentía por siquiera tener ese sentimiento. Cuando explicamos el cielo, el infierno y la decisión de fe, con una sonrisa llena de inocencia y con lágrimas sinceras me dijo: "Entonces, ¿qué tengo que hacer para ser salva? Quiero tener esa relación especial con Jesús todos los días. Puedo, ¿verdad?". Sus palabras me conmovieron profundamente y me hicieron reflexionar sobre mi propio compromiso con la Palabra de Dios. Me recordó las historias del libro de Hechos de los Apóstoles, donde la gente hacía la misma pregunta: "¿Qué tengo que hacer para ser salvo?" Me di cuenta de que ella creía, que estaba convencida, pero lo más importante es que su decisión era sólida, personal y voluntaria.

Cuando le dije que tenía que recibir a Jesús en su corazón y arrepentirse de sus pecados, mi hijo Rodri, con lágrimas en sus ojos y corriéndole por las mejillas, nos dijo con una voz quebrantada: "Yo también quiero ser salvo". ¿Cómo les explico lo que Lety y yo sentimos en ese momento? No hay nada en esta tierra que pueda pagar lo que como papás recibimos de Dios. Nuestros hijos voluntariamente habían decidido seguir a Jesús genuinamente. Ya no solo eran "los hijos de los pastores", ahora eran verdaderos seguidores de Jesús. Creo que fue el resultado de la promesa de la Biblia donde dice:

"Dirige a tus hijos por el camino correcto, y cuando sean mayores, no lo abandonarán". (Proverbios 22:6)

Desde ese día me propuse, no solo tener esas reuniones con más constancia, sino también modelar una vida de fe para mis hijos. Quería que vieran en mí un ejemplo vivo de lo que significa amar y seguir a Cristo en cada aspecto de la vida. Esa conversación se convirtió en un punto de inflexión en mi viaje como padre y como cristiano. Para nada soy un papá perfecto, pero amo a mis hijos, y estoy en el proceso de ser el papá que ellos necesitan.

Como padres, no hay nada más precioso que presenciar la decisión voluntaria y genuina de tus hijos de seguir a Cristo. A través de esta experiencia, aprendimos que los momentos aparentemente pequeños pueden tener un impacto trascendental, y que las preguntas y luchas de nuestros hijos pueden abrir puertas para conversaciones transformadoras sobre la fe. Como padres, tenemos el privilegio y la responsabilidad de caminar junto a ellos, guiándolos siempre hacia la sabiduría y el amor de Dios.

Los padres cristianos enfrentan una serie de desafíos únicos al criar a sus hijos en la fe. La influencia omnipresente de las redes sociales y la tecnología puede dificultar la tarea de inculcarles valores y creencias duraderos. Los niños pueden cuestionar su fe y los principios que les hemos enseñado debido al flujo constante de información y opiniones a su alcance. Mis hijos me confesaron que dudaban si Dios realmente existía. Con paciencia y empatía los ayudamos a experimentar que Dios es real, y es real para ellos.

Vivimos en una sociedad cada vez más secular, donde la fe a menudo se ve como algo anticuado o irrelevante. Nuestros hijos pueden sentirse tentados a comprometer o abandonar su creencia en Dios. Debemos invitarlos a seguir lo que dicen las Escrituras:

"No imiten las conductas ni las costumbres de este mundo, más bien dejen que Dios los transforme en personas nuevas al cambiarles la manera de pensar. Entonces aprenderán a conocer la voluntad de Dios para ustedes, la cual es buena, agradable y perfecta". (Romanos 12:2)

Eventos mundiales como la reciente pandemia han trastornado la vida familiar, y han planteado preguntas difíciles sobre la fe y el propósito de Dios. Como padres, podemos sentirnos abrumados y mal equipados para guiar a nuestros hijos a través de estos tiempos turbulentos. Pero en medio de estos desafíos también hay oportunidades increíbles. Como padres cristianos, tenemos el privilegio y la responsabilidad de ser modelos para nuestros hijos de una fe auténtica y vibrante. A través de nuestro ejemplo y nuestras conversaciones diarias, podemos mostrarles lo que significa depender de Dios, vivir con integridad y amar a los demás como Cristo nos ama.

Tenemos la oportunidad de crear hogares centrados en Jesús, donde la fe no es solo algo que hacemos el domingo, sino una parte integral de nuestra vida diaria. Al orar, adorar y servir juntos como familia, podemos fomentar un ambiente donde nuestros hijos se sientan animados y apoyados en su caminar con Dios. Podemos equipar a nuestros hijos para que sean una luz en un mundo oscuro. Podemos preparar a una generación de jóvenes cristianos que cambiarán el mundo con su fe y

INTRODUCCIÓN

compasión. Guiémoslos a través de preguntas difíciles y desafíos. Orientémoslos consistentemente hacia la verdad y el amor de Dios.

Es verdad, la crianza cristiana en el siglo XXI puede parecer algo desalentador. Pero con Dios de nuestro lado, el Espíritu Santo y su sabiduría como nuestra guía, también está llena de potencial y esperanza. Como padres, tenemos el increíble privilegio de formar la próxima generación de líderes cristianos y eso es algo que vale la pena celebrar y por lo que vale la pena luchar.

Querido lector, mi deseo al escribir este libro es simple: que nuestros hijos conozcan a Jesús. Mi anhelo es que como padres aprendamos qué cosas correctas e incorrectas estamos haciendo en su crianza. Que ellos sepan que Jesús es la mejor decisión que pueden tomar. Que sepan que la vida, aunque difícil, es hermosa, porque tienen las herramientas para disfrutarla al máximo. Quiero equiparte con la sabiduría bíblica y la orientación práctica que necesitas para criar a tus hijos en la fe. Quiero que tus generaciones continúen con el legado que Dios le ha dado a tu casa, pero con una esencia propia. Como padre y pastor, sigo experimentando tanto los gozos como los desafíos de la crianza cristiana, y siento la profunda convicción de que este mensaje es vital para los padres de hoy.

A lo largo de estas páginas, exploro las cosas que creo que nuestros hijos deben saber cuanto antes. Enseño cosas como los pecados de la crianza, cómo conectar a nuestros hijos con Dios, el fundamento de la crianza, los regalos que les podemos dar a nuestros hijos, las etapas de formación y crianza con nuestros hijos, la realidad de Dios, la paternidad de Dios, así como nuestros problemas personales de paternidad. Mi oración es que a través de este libro obtengas una comprensión más profunda de la visión de Dios para tu familia. Que encuentres respuestas a tus preguntas más apremiantes, y te sientas animado y equipado en tu llamado como padre.

Quiero que sepas que no estás solo en este viaje. Estoy aquí para caminar junto a ti, para aprender contigo y para apuntar constantemente a la fidelidad y la gracia de Dios. Juntos podemos criar una generación que ame a Dios apasionadamente e impacte al mundo para su gloria. Dios nos dice:

" Pues yo sé los planes que tengo para ustedes—dice el Señor—. Son planes para lo bueno y no para lo malo, para darles un futuro y una esperanza". (Jeremías 29:11)

PARTE 1:
LO QUE TUS HIJOS NECESITAN SABER

CAPÍTULO 1:

PONER A DIOS PRIMERO

Como padres anhelamos equipar a nuestros hijos con las herramientas y conocimientos necesarios para navegar por la vida de manera exitosa y significativa. Hay ciertas verdades fundamentales que, si se aprenden temprano, pueden marcar una diferencia transformadora en sus vidas. Esta es una de las más importantes:

"Busquen el reino de Dios por encima de todo lo demás y lleven una vida justa, y él les dará todo lo que necesiten". Mateo 6:33

Esta primera lección es fundamental, porque implica enseñarles a poner a Dios primero y en el centro de sus vidas. Este es el cimiento sobre el cual se construye una vida de propósito, paz y plenitud. Pero ¿qué significa realmente poner a Dios primero en el contexto de la vida diaria? Y ¿cómo podemos ayudar a nuestros hijos a entender y a vivir este principio?

EL SIGNIFICADO DE PONER A DIOS PRIMERO

Poner a Dios primero es más que una frase bonita o un ideal abstracto. Es una orientación de vida que influye en cada aspecto de nuestra existencia. Implica:

1. RECONOCER A DIOS COMO LA FUENTE DE TODO

"Todo lo que es bueno y perfecto es un regalo que desciende a nosotros de parte de Dios nuestro Padre, quien creó todas las luces de los cielos..." Santiago 1:17

Nuestros hijos necesitan entender que todo lo que tenemos y somos proviene de Dios. Desde el aire que respiramos hasta nuestros talentos y habilidades, todo es un regalo de nuestro Padre celestial. Este reconocimiento cultiva una actitud de gratitud y humildad que es fundamental para una vida centrada en Dios.

APLICACIÓN PRÁCTICA:

Establece la costumbre de dar gracias antes de las comidas, no solo por los alimentos sino por todas las bendiciones del día. Anima a tus hijos a mencionar algo específico por lo que están agradecidos. Esta práctica simple pero poderosa puede ayudar a cultivar un corazón agradecido y consciente de la bondad de Dios. Esto forma el hábito de poner a Dios primero.

2. BUSCAR LA VOLUNTAD DE DIOS EN TODAS LAS DECISIONES

"Confía en el Señor con todo tu corazón; no dependas de tu propio entendimiento. Busca su voluntad en todo lo que hagas, y él te mostrará cuál camino tomar". Proverbios 3:5-6

Una vida que pone a Dios primero busca constantemente su dirección y sabiduría. Enseña a tus hijos a preguntarse: "¿Qué querría Dios que yo hiciera en esta situación?" Así crearán el hábito de buscar la guía de Dios en todas las áreas de sus vidas. Lo buscarán desde las pequeñas decisiones diarias hasta las grandes elecciones de la vida.

APLICACIÓN PRÁCTICA:

Cuando tu hijo enfrente una decisión, guíalo a través del proceso de oración y búsqueda de sabiduría en la Biblia. Podrías usar el acrónimo "ORAR":

- **O**bservar la situación
- **R**ogar por guía a Dios
- **A**nalizar las opciones a la luz de la Palabra de Dios
- **R**esponder en obediencia

3. DEDICAR TIEMPO A DIOS REGULARMENTE

" Busquen el reino de Dios por encima de todo lo demás y lleven una vida justa, y él les dará todo lo que necesiten". Mateo 6:33

La oración, la lectura de la Biblia y la adoración no deberían ser actividades opcionales sino partes esenciales de nuestra rutina diaria. Ayuda a tus hijos a establecer estos hábitos desde temprana edad.

APLICACIÓN PRÁCTICA:

Crea un "rincón de Dios" en casa, un espacio acogedor dedicado a la lectura de la Biblia y la oración. Anima a tus hijos a pasar tiempo allí cada día, aunque sea por unos minutos. Podrías equipar este espacio con biblias apropiadas para su edad, cuadernos de oración y quizás algunos recursos devocionales adecuados para niños.

4. CONFIAR EN DIOS, NO EN LAS CIRCUNSTANCIAS

"No se preocupen por nada; en cambio, oren por todo. Díganle a Dios lo que necesitan y denle gracias por todo lo que él ha hecho. Así experimentarán la paz de Dios, que supera todo lo que podemos entender. La paz de Dios cuidará su corazón y su mente mientras vivan en Cristo Jesús". Filipenses 4:6-7

Nuestros hijos necesitan aprender que la confianza en Dios trasciende nuestras cambiantes circunstancias. Dios es constante, incluso cuando todo lo demás parece inestable.

APLICACIÓN PRÁCTICA:

Cuando surjan dificultades, guía a tus hijos recordándoles la fidelidad de Dios en el pasado. Podrías crear un diario familiar donde anotar las formas en que Dios ha sido fiel. En momentos de incertidumbre, revisar este diario puede ser una fuente de ánimo y fe.

5. VIVIR CON INTEGRIDAD

"Si son fieles en las cosas pequeñas, serán fieles en las grandes; pero si son deshonestos en las cosas pequeñas, no actuarán con honradez en las responsabilidades más grandes". Lucas 16:10

Poner a Dios primero significa vivir de acuerdo con sus estándares en todo momento. Esto no es solo cuando sea conveniente o cuando otros estén mirando. La integridad es hacer lo correcto incluso cuando nadie nos está viendo.

APLICACIÓN PRÁCTICA:

Cuando te enfrentes a una situación donde podrías "salirte con la tuya" haciendo algo incorrecto, muestra a tus hijos cómo la integridad honra a Dios. Explícales que nuestra honestidad y rectitud son un testimonio del carácter de Dios en nuestras vidas.

6. SERVIR A OTROS

"Y el Rey dirá: «Les digo la verdad, cuando hicieron alguna de estas cosas al más insignificante de estos, mis hermanos, ¡me lo hicieron a mí!»". Mateo 25:40

Jesús nos enseñó que servir a otros es una forma de servir a Dios. Ayuda a tus hijos a ver el servicio como una expresión de su amor a Dios y una manera práctica de poner a Dios primero en sus vidas.

APLICACIÓN PRÁCTICA:

Involucra a tu familia en proyectos de servicio comunitario. Después, reflexionen juntos sobre cómo esas acciones honran a Dios y reflejan su amor. Podrían ser actividades como ayudar en un banco de alimentos, visitar un asilo de ancianos o participar en proyectos de limpieza del vecindario.

DESAFÍOS COMUNES Y CÓMO ABORDARLOS

Como papás, tenemos que estar atentos no solo a los principios espirituales que enseñamos sino también a qué circunstancias se están enfrentando nuestros hijos, para poder acompañarlos y ayudar a poner en práctica dichos principios, mientras enfrentan los desafíos propios de crecer en su fe.

1. PRESIÓN DE LOS COMPAÑEROS

Tus hijos pueden enfrentar burlas o exclusión por poner a Dios primero. Es importante prepararlos para esta realidad y equiparlos para manejarla con gracia y firmeza.

ESTRATEGIAS:

- Comparte historias bíblicas de personas que se mantuvieron fieles a pesar de la presión (como Daniel o José).
- Ayúdales a desarrollar respuestas respetuosas pero firmes a la presión de los compañeros.
- Asegúrales tu apoyo incondicional y crea un ambiente seguro en casa donde puedan compartir sus luchas.

2. DISTRACCIONES DEL MUNDO

En una era de constante estimulación digital, puede ser difícil para nuestros hijos priorizar el tiempo con Dios.

ESTRATEGIAS:

- Establece límites saludables con la tecnología.
- Sé para ellos un modelo de cómo priorizar el tiempo espiritual en tu propia vida.
- Ayuda a tus hijos a ver cómo la tecnología puede ser una herramienta para crecer espiritualmente (por ejemplo, usando aplicaciones de la Biblia o devocionales en línea).

3. DUDA Y CUESTIONAMIENTO

Es natural que los niños, especialmente los adolescentes, cuestionen su fe. Estas preguntas no deben ser temidas, sino vistas como oportunidades para profundizar en la verdad de Dios.

ESTRATEGIAS:

- Crea un ambiente donde las preguntas sean bienvenidas y tratadas con respeto.
- Investiguen las respuestas juntos, utilizando recursos apologéticos apropiados para su edad.
- Comparte tus propias experiencias de duda y cómo tu fe creció a través de ellas.

RECUERDA, EL CAMBIO MÁS PODEROSO EN LA VIDA DE TUS HIJOS COMENZARÁ CON EL CAMBIO EN TI MISMO.

Enseñar a nuestros hijos a poner a Dios primero no es un evento único sino un proceso continuo que requiere de paciencia, consistencia y, sobre todo, de un ejemplo vivo de nuestra parte. A medida que nuestros hijos nos ven priorizar a Dios, aprenderán a hacer lo mismo.

Recuerda, el cambio más poderoso en la vida de tus hijos comenzará con el cambio en ti mismo.

Tómate un momento para reflexionar: *¿estoy siendo un modelo para ellos de lo que significa poner a Dios primero? ¿Qué áreas de mi vida necesitan hacer de esto una prioridad?*

ORACIÓN

Padre celestial, te agradecemos por el privilegio de ser padres. Ayúdanos a poner nuestros ojos en ti, a buscarte primero en todas las cosas. Danos sabiduría para guiar a nuestros hijos hacia una relación profunda contigo. Que nuestras vidas sean un testimonio vivo de lo que significa ponerte en primer lugar. En el nombre de Jesús, amén.

CAPÍTULO 2:

DIOS ES REAL

"DE HECHO, SIN FE ES IMPOSIBLE AGRADAR A DIOS. TODO EL QUE DESEE ACERCARSE A DIOS DEBE CREER QUE ÉL EXISTE Y QUE ÉL RECOMPENSA A LOS QUE LO BUSCAN CON SINCERIDAD". HEBREOS 11:6

En un mundo cada vez más escéptico y materialista, nuestros hijos necesitan comprender que Dios es real. Dios no es un concepto abstracto, un personaje de cuentos o una tradición cultural. Esta verdad es el fundamento de nuestra fe y la base de una relación genuina con nuestro Creador.

Pero ¿cómo podemos ayudar a nuestros hijos a experimentar la realidad de Dios en sus vidas? ¿Cómo podemos cultivar en ellos una fe viva y vibrante en Dios?

COMPRENDIENDO LA REALIDAD DE DIOS

1. DIOS ES PERSONAL, NO ES UNA FUERZA IMPERSONAL

" Yo soy el buen pastor; conozco a mis ovejas, y ellas me conocen a mí,". Juan 10:14

Es crucial que nuestros hijos entiendan que Dios no es una energía cósmica impersonal o un concepto filosófico. Dios es un ser personal que desea tener una relación con ellos. Dios piensa, siente, habla y actúa. Él nos conoce individualmente y desea que lo conozcamos.

APLICACIÓN PRÁCTICA:

Anima a tus hijos a hablar con Dios como lo harían con un amigo cercano. Enséñales que la oración no es un monólogo, sino un diálogo. Anímalos a escuchar a Dios tanto como hablan con él.

2. DIOS ESTÁ ACTIVO EN NUESTRO MUNDO

"Pues Dios trabaja en ustedes y les da el deseo y el poder para que hagan lo que a él le agrada". Filipenses 2:13

Dios no es un relojero distante, que puso el mundo en marcha y luego se retiró. Él está activamente involucrado en nuestro mundo y en nuestras vidas personales.

APLICACIÓN PRÁCTICA:

En el diario familiar anota las formas en que ven a Dios obrando en sus vidas. Esto puede incluir oraciones contestadas, momentos de orientación divina, o simplemente la belleza de la creación de Dios.

> **LA COMPLEJIDAD Y BELLEZA DE LA CREACIÓN APUNTAN HACIA UN CREADOR INTELIGENTE Y PODEROSO. TODA LA NATURALEZA CONSTANTEMENTE NOS ESTÁ HABLANDO DE QUE DIOS ES REAL.**

3. DIOS SE REVELA A TRAVÉS DE LA CREACIÓN

"Pues, desde la creación del mundo, todos han visto los cielos y la tierra. Por medio de todo lo que Dios hizo, ellos pueden ver a simple vista las cualidades invisibles de Dios: su poder eterno y su naturaleza divina. Así que no tienen ninguna excusa para no conocer a Dios". Romanos 1:20 (NTV)

La complejidad y belleza de la creación apuntan hacia un Creador inteligente y poderoso. Toda la naturaleza constantemente nos está hablando de que Dios es real. Cada día tenemos la oportunidad de experimentar a un Dios real.

APLICACIÓN PRÁCTICA:

Organiza "caminatas de asombro" en la naturaleza, donde tú y tus hijos observen y aprecien la creación de Dios. Discutan cómo la complejidad y belleza de la naturaleza reflejan los atributos de Dios.

AYUDANDO A NUESTROS HIJOS A EXPERIMENTAR LA REALIDAD DE DIOS

1. COMPARTE TU TESTIMONIO PERSONAL

Nada es más poderoso que compartir cómo has experimentado personalmente a Dios en tu vida. Tus historias de fe pueden hacer que Dios sea más real y tangible para tus hijos.

APLICACIÓN PRÁCTICA:

Reserva tiempo regularmente para compartir historias de fe en familia. Cuenta cómo Dios ha obrado en tu vida, cómo has experimentado su presencia, su guía o su provisión.

2. FOMENTA LA EXPERIENCIA PERSONAL

Anima a tus hijos a buscar a Dios por sí mismos. La fe no debe ser algo que simplemente hereden de ti, sino algo que experimenten personalmente.

APLICACIÓN PRÁCTICA:

Desafía a tus hijos a tener su propio tiempo a solas con Dios diariamente. Incluso unos pocos minutos de lectura bíblica y oración pueden ser el comienzo de una relación personal con Dios.

3. PRACTICA EL DISCERNIMIENTO ESPIRITUAL

Enseña a tus hijos a reconocer la obra de Dios en sus vidas diarias. Esto implica estar atentos a su voz, su guía y su presencia en las circunstancias cotidianas.

APLICACIÓN PRÁCTICA:

Al final de cada día, pregúntales: ¿dónde viste a Dios obrando hoy? ¿Cuándo te sentiste más cerca de él? ¿Hubo algún momento en que sentiste su guía?

4. INVOLÚCRATE EN UNA COMUNIDAD DE FE

La realidad de Dios se hace más tangible cuando nos rodeamos de otros creyentes que también están experimentando a Dios en sus vidas.

APLICACIÓN PRÁCTICA:

Participa activamente en una iglesia local. Anima a tus hijos a involucrarse en grupos juveniles o ministerios adecuados a su edad donde puedan compartir experiencias de fe con sus pares.

ABORDANDO DESAFÍOS COMUNES

1. EL DESAFÍO DEL ESCEPTICISMO

Algunos niños pueden luchar con la idea de un Dios invisible en una era de ciencia y tecnología.

ESTRATEGIAS:

- Explora recursos de apologética apropiados para su edad.
- Discute cómo la ciencia y la fe no son mutuamente excluyentes, sino complementarias.
- Anima preguntas y dudas honestas, tratándolas con respeto y buscando respuestas juntos.

2. LA APARENTE AUSENCIA DE DIOS

Habrá momentos en que Dios parezca distante o ausente. Es importante preparar a nuestros hijos para esos tiempos.

ESTRATEGIAS:

- Enseña que los sentimientos no siempre reflejan la realidad. Dios está presente incluso cuando no lo sentimos.
- Comparte historias bíblicas de personas que experimentaron la aparente ausencia de Dios (como Job o David), pero mantuvieron su fe.
- Anima a tus hijos a seguir buscando a Dios incluso en tiempos de sequía espiritual.

3. LA INFLUENCIA DE UNA CULTURA SECULAR

Nuestros hijos están inmersos en una cultura que a menudo ignora o niega la realidad de Dios.

ESTRATEGIAS:

- Equipa a tus hijos para pensar críticamente sobre los mensajes que reciben de la cultura.
- Proporciona una cosmovisión bíblica sólida que pueda contrarrestar las influencias seculares.
- Modela una fe vibrante que demuestre la relevancia de Dios en la vida cotidiana.

Ayudar a nuestros hijos a experimentar la realidad de Dios es uno de los regalos más valiosos que podemos ofrecerles. No se trata solo de transmitir información sobre Dios, sino de guiarlos hacia una relación viva y personal con él. La clave para ayudar a tus hijos a experimentar a Dios como real es que tú mismo estés experimentando Su realidad en tu vida diaria. Que tu propia búsqueda de Dios sea contagiosa, inspirando a tus hijos a buscar y conocer a este Dios que es real, personal y presente.

Tómate un momento para reflexionar: *¿cómo he experimentado la realidad de Dios en mi vida recientemente? ¿Estoy compartiendo estas experiencias con mis hijos? ¿Qué oportunidades puedo crear para que mis hijos experimenten a Dios?*

ORACIÓN

Padre celestial, te agradecemos porque eres real, vivo y activo en nuestro mundo. Ayúdanos a experimentar tu realidad de manera fresca cada día. Guíanos mientras buscamos ayudar a nuestros hijos a conocerte como un Dios personal y presente. Que nuestros hogares sean lugares donde tu realidad sea evidente y tu presencia sea buscada. En el nombre de Jesús, amén.

CAPÍTULO 3:

DIOS ES TU PADRE CELESTIAL

"MIREN CON CUÁNTO AMOR NOS AMA NUESTRO PADRE QUE NOS LLAMA SUS HIJOS, ¡Y ESO ES LO QUE SOMOS! PERO LA GENTE DE ESTE MUNDO NO RECONOCE QUE SOMOS HIJOS DE DIOS, PORQUE NO LO CONOCEN A ÉL" 1 JUAN 3:1

Una de las verdades más transformadoras es que Dios no es solo el Creador todopoderoso del universo sino también un Padre amoroso que anhela una relación personal con nosotros. Esta verdad tiene el poder de revolucionar la forma en que nuestros hijos ven a Dios, a sí mismos y al mundo que los rodea.

Sin embargo, muchos crecemos con experiencias imperfectas de paternidad terrenal. El comunicar la realidad de Dios como un Padre perfecto puede ser un desafío. ¿Cómo podemos ayudar a nuestros hijos a comprender y experimentar el amor paternal de Dios de una manera profunda y personal?

COMPRENDIENDO A DIOS COMO PADRE

1. DIOS ES UN PADRE PERFECTO

"Así que si ustedes, gente pecadora, saben dar buenos regalos a sus hijos, cuánto más su Padre celestial dará buenos regalos a quienes le pidan." Mateo 7:11

Dios no es simplemente una versión mejorada de un padre terrenal. Él es la perfección de la paternidad, el estándar por el cual se mide toda paternidad.

APLICACIÓN PRÁCTICA:

Haz una lista con tus hijos de las cualidades de un buen padre. Luego discutan cómo Dios ejemplifica perfectamente cada una de estas cualidades y más.

2. DIOS ES UN PADRE QUE AMA INCONDICIONALMENTE

"Ningún poder en las alturas ni en las profundidades, de hecho, nada en toda la creación podrá jamás separarnos del amor de Dios, que está revelado en Cristo Jesús nuestro Señor". Romanos 8:39

A diferencia del amor condicional humano, el amor de Dios por nosotros es constante e incondicional. No depende de nuestro rendimiento o comportamiento.

APLICACIÓN PRÁCTICA:

Después de disciplinar a tu hijo, asegúrate de reafirmar tu amor por él. Explica que, al igual que tú lo amas incluso cuando comete errores, el amor de Dios por nosotros nunca cambia, incluso cuando fallamos.

DIOS ES TU PADRE CELESTIAL

3. DIOS ES UN PADRE QUE PROVEE Y PROTEGE

"Y este mismo Dios quien me cuida suplirá todo lo que necesiten, de las gloriosas riquezas que nos ha dado por medio de Cristo Jesús". Filipenses 4:19

Como Padre, Dios se compromete a cuidar de sus hijos, proveyendo para sus necesidades y protegiéndolos del mal.

APLICACIÓN PRÁCTICA:

Lleven un diario donde se anotarán las formas en que han visto a Dios proveer para sus necesidades, tanto grandes como pequeñas.

AYUDANDO A NUESTROS HIJOS A EXPERIMENTAR A DIOS COMO PADRE

1. MODELA EL AMOR PATERNAL

Tu ejemplo como padre terrenal puede ser una poderosa representación del amor de Dios. Esfuérzate por reflejar el carácter de Dios en tu paternidad.

APLICACIÓN PRÁCTICA:

Cuando muestres amor, perdón o paciencia hacia tus hijos, aprovecha la oportunidad para explicar

> TU EJEMPLO COMO PADRE TERRENAL PUEDE SER UNA PODEROSA REPRESENTACIÓN DEL AMOR DE DIOS. ESFUÉRZATE POR REFLEJAR EL CARÁCTER DE DIOS EN TU PATERNIDAD.

cómo esto refleja, aunque imperfectamente, el amor de nuestro Padre celestial.

2. FOMENTA UNA RELACIÓN PERSONAL CON DIOS

Anima a tus hijos a ver a Dios no solo como una figura de autoridad, sino como un Padre amoroso con quien pueden tener una relación íntima.

APLICACIÓN PRÁCTICA:

Enseña a tus hijos a orar de manera conversacional, como si estuvieran hablando con un Padre amoroso. Anímalos a compartir con Dios sus alegrías, temores y preocupaciones.

3. ENSEÑA SOBRE LA ADOPCIÓN ESPIRITUAL

Ayuda a tus hijos a comprender que a través de Cristo hemos sido adoptados en la familia de Dios.

APLICACIÓN PRÁCTICA:

Si conoces a alguien que ha sido adoptado, invítalo a compartir su experiencia con tus hijos. Usa eso como una analogía para explicar cómo Dios nos ha adoptado como sus hijos.

4. EXPLORA LAS PARÁBOLAS DE JESÚS SOBRE EL PADRE

Jesús contó varias parábolas que ilustran el amor del Padre, como la del hijo perdido (pródigo) en Lucas 15:11-32.

APLICACIÓN PRÁCTICA:

Lee estas parábolas con tus hijos, y discutan lo que revelan sobre el carácter de Dios como Padre.

ABORDANDO DESAFÍOS COMUNES

1. EXPERIENCIAS NEGATIVAS CON PADRES TERRENALES

Algunos niños pueden tener dificultades para relacionarse con Dios como Padre debido a experiencias dolorosas con sus padres terrenales.

ESTRATEGIAS:

- Sé sensible a las experiencias pasadas de tus hijos.
- Enfatiza que Dios es el padre perfecto, libre de las fallas de los padres terrenales.
- Considera buscar consejería cristiana si las heridas son profundas.

2. LA PERCEPCIÓN DE DIOS COMO DISTANTE O SEVERO

Algunos niños pueden ver a Dios principalmente como un juez severo en lugar de un padre amoroso.

ESTRATEGIAS:

- Equilibra las enseñanzas sobre la santidad de Dios con las de amor y gracia.
- Comparte historias bíblicas que muestren la ternura y compasión de Dios.
- Anima a tus hijos a acercarse a Dios con confianza, no con temor.

3. DIFICULTAD PARA SENTIR EL AMOR DE DIOS

A veces, nuestros hijos pueden luchar para sentir emocionalmente el amor de Dios.

ESTRATEGIAS:

- Enséñales que el amor de Dios es una verdad, no un sentimiento.
- Ayúdales a reconocer las evidencias del amor de Dios en sus vidas.
- Practica ejercicios de gratitud para aumentar la conciencia del amor de Dios.

Comprender y experimentar a Dios como nuestro Padre celestial es fundamental para una fe vibrante y una vida cristiana fructífera. Como padres, tenemos el privilegio y la responsabilidad de guiar a nuestros hijos hacia una relación íntima con su Padre celestial.

Recuerda: tu propia relación con Dios como Padre influirá enormemente en cómo tus hijos ven a Dios. Que tu vida sea un testimonio del amor, la gracia y la bondad de nuestro Padre celestial.

Reflexiona sobre tu propia imagen de Dios como Padre: *¿hay áreas donde necesito sanar o crecer en mi comprensión del amor paternal de Dios? ¿Cómo puedo mejorar en reflejar el amor del Padre celestial?*

ORACIÓN

Padre celestial, te agradecemos por tu amor perfecto e incondicional. Ayúdanos a comprender más profundamente tu corazón de Padre y a reflejar tu amor a nuestros hijos. Sana cualquier herida o concepto erróneo que podamos tener sobre la paternidad. Que nuestros hogares sean lugares donde tus hijos experimenten el abrazo amoroso de su Padre celestial. En el nombre de Jesús, amén.

CAPÍTULO 4:

FUISTE CREADO CON UN PROPÓSITO

"PUES SOMOS LA OBRA MAESTRA DE DIOS. ÉL NOS CREÓ DE NUEVO EN CRISTO JESÚS, A FIN DE QUE HAGAMOS LAS COSAS BUENAS QUE PREPARÓ PARA NOSOTROS TIEMPO ATRÁS".
EFESIOS

En un mundo que a menudo parece caótico y sin sentido, una verdad poderosa que podemos impartir a nuestros hijos es que tienen un propósito único y significativo en la vida. Esta comprensión puede proporcionar dirección, motivación y un profundo sentido de valor.

Dios no crea nada sin un propósito. Cada uno de nuestros hijos fue creado con intención, diseñado con cuidado y dotado de habilidades y talentos únicos para cumplir un papel específico en el gran plan de Dios. Como padres somos facilitadores y guías hacía el propósito de ellos. Pero no podemos dar lo que no tenemos, ni podemos llevar a nadie a un lugar donde no hemos ido. Así que, ¿cómo podemos ayudar a nuestros hijos a descubrir y abrazar este propósito? ¿Cómo podemos guiarlos para que vivan vidas llenas de significado y propósito?

COMPRENDIENDO EL PROPÓSITO DIVINO

1. CADA PERSONA ES ÚNICA Y VALIOSA

"Tú creaste las delicadas partes internas de mi cuerpo y me entretejiste en el vientre de mi madre. ¡Gracias por hacerme tan maravillosamente complejo! Tu fino trabajo es maravilloso, lo sé muy bien". Salmos 139:13-14

Dios ha creado a cada uno de nuestros hijos de manera única, con una combinación irrepetible de dones, talentos y experiencias.

APLICACIÓN PRÁCTICA:

Ayuda a tus hijos a identificar sus dones y talentos únicos. Celebra sus diferencias y enséñales a valorar su singularidad.

2. EL PROPÓSITO ESTÁ ARRAIGADO EN NUESTRA IDENTIDAD EN CRISTO

AYUDA A TUS HIJOS A ENTENDER SU IDENTIDAD EN CRISTO. EXPLÍCALES QUE SU VALOR NO PROVIENE DE LO QUE HACEN, SINO DE QUIÉNES SON EN CRISTO.

"Somos creación de Dios, creados en Cristo Jesús para hacer las buenas obras que Dios de antemano ya había planeado". Efesios

Nuestro propósito fundamental está ligado a nuestra identidad como hijos de Dios y seguidores de Cristo. Todo empieza con quién eres, y así entiendes lo que tienes que hacer.

APLICACIÓN PRÁCTICA:

Ayuda a tus hijos a entender su identidad en Cristo. Explícales que su valor no proviene de lo que hacen, sino de quiénes son en Cristo.

3. EL PROPÓSITO INCLUYE SERVIR A OTROS

"Dios, de su gran variedad de dones espirituales, les ha dado un don a cada uno de ustedes. Úsenlos bien para servirse los unos a los otros.". 1 Pedro

Dios nos ha dado dones y talentos, no solo para nuestro beneficio sino para servir a otros y glorificarle. Al servir a los demás, vamos descubriendo lo que nos apasiona y así saber cuál es nuestro propósito.

APLICACIÓN PRÁCTICA:

Anima a tus hijos a usar sus dones para ayudar a otros. Involúcralos en proyectos de servicio comunitario o ministerios en la iglesia.

AYUDANDO A NUESTROS HIJOS A DESCUBRIR SU PROPÓSITO

1. FOMENTA LA EXPLORACIÓN DE DONES Y TALENTOS

Anima a tus hijos a probar diferentes actividades y a descubrir aquello que los apasiona y en lo que son buenos.

APLICACIÓN PRÁCTICA:

Proporciona oportunidades para que tus hijos exploren diversos intereses: deportes, artes, música, ciencias, etc. Observa qué les entusiasma y en qué se destacan naturalmente.

2. ENSEÑA A BUSCAR LA GUÍA DE DIOS

Ayuda a tus hijos a entender que Dios tiene un plan para sus vidas y que pueden buscar su guía para descubrirlo.

APLICACIÓN PRÁCTICA:

Enséñales a orar pidiendo la dirección de Dios. Anímalos a escuchar la voz de Dios a través de la oración, la lectura de la Biblia y el consejo de mentores piadosos.

3. CONECTA PASIONES CON NECESIDADES

Ayuda a tus hijos a ver cómo sus pasiones y habilidades pueden satisfacer necesidades en el mundo.

APLICACIÓN PRÁCTICA:

Discute problemas del mundo y pregunta a tus hijos cómo creen que podrían ayudar a solucionarlos usando sus dones.

4. SÉ UN MODELO DE UNA VIDA CON PROPÓSITO

Los niños aprenden más de lo que ven que de lo que oyen. Vive tu propia vida con un sentido claro de propósito.

APLICACIÓN PRÁCTICA:

Comparte con tus hijos cómo has descubierto tu propio propósito y cómo lo vives diariamente.

ABORDANDO DESAFÍOS COMUNES

1. PRESIÓN SOCIAL Y COMPARACIÓN

Los niños pueden sentirse presionados a seguir caminos que la sociedad valora, aunque no se alineen con su propósito divino.

ESTRATEGIAS:

- Enseña a tus hijos a valorar la aprobación de Dios por encima de la aprobación de los demás.
- Ayúdalos a entender que cada persona tiene un camino único y que no deben compararse.

2. MIEDO AL FRACASO

El temor al fracaso puede impedir que tus hijos persigan su propósito.

ESTRATEGIAS:

- Enseña que el fracaso es parte del proceso de aprendizaje y crecimiento.
- Comparte historias de personas (incluyéndote) que hayan superado fracasos para vivir su propósito.

3. FALTA DE CLARIDAD O DIRECCIÓN

Algunos niños pueden sentirse abrumados o confundidos acerca de su propósito.

ESTRATEGIAS:

- Recuérdales que descubrir el propósito es un proceso y que está bien no tener todas las respuestas de inmediato.
- Anima la exploración y el crecimiento continuo.

Ayudar a nuestros hijos a descubrir y vivir su propósito es un viaje emocionante y gratificante. No se trata solo de encontrar una carrera o de lograr el éxito según los estándares del mundo, sino de vivir la vida para la cual Dios los creó. Proporciona un ambiente de apoyo, orientación y amor que les permita explorar, crecer y descubrir el plan único de Dios para sus vidas.

Tómate un momento para reflexionar: *¿cómo he experimentado el descubrimiento de mi propósito? ¿Qué pasos puedo dar para crear un ambiente que fomente la exploración y el descubrimiento del propósito en mis hijos?*

ORACIÓN

Padre celestial, te agradecemos porque has creado a cada uno de nuestros hijos con un propósito único y maravilloso. Guíanos mientras buscamos ayudarlos a descubrir y vivir ese propósito. Danos sabiduría para orientarlos, paciencia para apoyarlos en su exploración y fe para confiar en tu plan perfecto para sus vidas. Que nuestros hogares sean lugares donde nuestros hijos se sientan libres para soñar, explorar y crecer en la dirección que tú has planeado para ellos. En el nombre de Jesús, amén.

CAPÍTULO 5:
NO ESTÁS SOLO

"NO TENGAS MIEDO, PORQUE YO ESTOY CONTIGO; NO TE DESALIENTES, PORQUE YO SOY TU DIOS. TE DARÉ FUERZAS Y TE AYUDARÉ; TE SOSTENDRÉ CON MI MANO DERECHA VICTORIOSA." ISAÍAS

En un mundo que a menudo fomenta el aislamiento y la soledad, una de las verdades más reconfortantes que podemos impartir a nuestros hijos es que nunca están solos. Esta verdad tiene dos dimensiones fundamentales: la presencia constante de Dios y la importancia de la comunidad. Comprender y experimentar estas realidades puede proporcionar a nuestros hijos un sentido de seguridad, apoyo y pertenencia que los sostendrá a lo largo de sus vidas.

Pero ¿cómo podemos ayudar a nuestros hijos a interiorizar esta verdad de manera que se convierta en un ancla en tiempos de soledad o dificultad? ¿Cómo podemos guiarlos para que experimenten la presencia de Dios y valoren la comunidad en un mundo cada vez más digitalizado y solitario?

COMPRENDIENDO QUE NO ESTAMOS SOLOS

1. LA PRESENCIA CONSTANTE DE DIOS

"No temas ni te desalientes, porque el propio Señor irá delante de ti. Él estará contigo; no te fallará ni te abandonará". Deuteronomio

Dios promete estar siempre con nosotros, sin importar las circunstancias.

APLICACIÓN PRÁCTICA:

Ayuda a tus hijos a reconocer la presencia de Dios en sus vidas. Anímales a hablar con Dios en todo momento, y no solo en situaciones de crisis.

2. LA IMPORTANCIA DE LA COMUNIDAD

"Es mejor ser dos que uno, porque ambos pueden ayudarse mutuamente a lograr el éxito. Si uno cae, el otro puede darle la mano y ayudarle; pero el que cae y está solo, ese sí que está en problemas". Eclesiastés

Dios nos ha diseñado para vivir en comunidad, apoyándonos y fortaleciéndonos mutuamente.

APLICACIÓN PRÁCTICA:

Fomenta relaciones saludables dentro de la familia, la iglesia y la comunidad. Ayuda a tus hijos a entender el valor de las amistades verdaderas y del apoyo mutuo.

AYUDANDO A NUESTROS HIJOS A EXPERIMENTAR QUE NO ESTÁN SOLOS

1. CULTIVA UNA RELACIÓN CERCANA CON TUS HIJOS

Sé una presencia constante y de apoyo en la vida de tus hijos.

APLICACIÓN PRÁCTICA:

Establece momentos regulares de conexión uno a uno con cada hijo. Esto podría ser una salida semanal, una charla antes de dormir u otra rutina que funcione para tu familia.

2. ENSEÑA A TUS HIJOS A RECONOCER LA PRESENCIA DE DIOS

Ayuda a tus hijos a ser conscientes de cómo Dios está obrando en sus vidas.

APLICACIÓN PRÁCTICA:

Al final de cada día pregúntales: ¿dónde viste a Dios obrando hoy? ¿Cuándo te sentiste más cerca de él?

3. FOMENTA LA PARTICIPACIÓN EN UNA COMUNIDAD DE FE

Involucra a tus hijos en una iglesia local y en grupos de su edad.

APLICACIÓN PRÁCTICA:

Participa activamente en una iglesia, y anima a tus hijos a involucrarse en ministerios adecuados a su edad.

4. ENSEÑA HABILIDADES SOCIALES SALUDABLES

Ayuda a tus hijos a desarrollar habilidades para formar y mantener relaciones saludables.

APLICACIÓN PRÁCTICA:

Modela y enseña habilidades como la empatía, la escucha activa y la resolución de conflictos.

5. MANTÉN ABIERTAS LAS LÍNEAS DE COMUNICACIÓN

Crea un ambiente donde tus hijos se sientan seguros compartiendo sus pensamientos y sentimientos.

APLICACIÓN PRÁCTICA:

Practica la escucha activa sin juzgar. Responde con empatía cuando tus hijos compartan sus luchas.

ABORDANDO DESAFÍOS COMUNES

1. SOLEDAD EN LA ERA DIGITAL

A pesar de estar más conectados que nunca, muchos niños se sienten solos en el mundo digital.

ESTRATEGIAS:

- Enseña a tus hijos a usar la tecnología de manera que fomente conexiones reales, no solo interacciones superficiales.

- Establece límites saludables con la tecnología y fomenta las interacciones cara a cara.

2. ACOSO ESCOLAR (BULLYING) Y EXCLUSIÓN SOCIAL

El acoso escolar y la exclusión pueden hacer que los niños se sientan aislados y solos.

ESTRATEGIAS:

- Enseña a tus hijos a reconocer y responder al acoso escolar de manera apropiada.

- Fomenta la empatía y la inclusión, animando a tus hijos a ser amigos de los que están solos.

3. MOMENTOS DE CRISIS O DIFICULTAD

Durante los tiempos difíciles, los niños pueden sentirse particularmente solos o abandonados.

ESTRATEGIAS:

- Recuérdale a tus hijos la presencia constante de Dios, especialmente en los momentos difíciles.

- Sé una presencia constante y un apoyo, recordándoles que siempre estarás ahí para ellos.

Ayudar a nuestros hijos a comprender y experimentar que no están solos es un regalo que los sostendrá a lo largo de sus vidas. Esta verdad puede ser un ancla en tiempos de tormenta y una fuente de fuerza y valor en su caminar diario. Enseñar con tu ejemplo, tu presencia constante, tu amor incondicional y tu fe en un Dios que nunca nos abandona afirmará que no están solos.

LO QUE TUS HIJOS DEBEN SABER CUÁNTO ANTES

Toma un momento para reflexionar: *¿cómo he experimentado la presencia de Dios y el apoyo de la comunidad en mi vida? ¿Cómo puedo crear más oportunidades para que mis hijos experimenten que no están solos?*

ORACIÓN

Padre celestial, te agradecemos porque nunca nos dejas ni nos abandonas. Ayúdanos a experimentar tu presencia de manera más profunda en nuestras propias vidas. Guíanos mientras buscamos crear un hogar y una comunidad donde nuestros hijos se sientan verdaderamente amados, apoyados y conectados. Que nuestros hijos crezcan con la seguridad inquebrantable de que nunca están solos, porque tú estás siempre con ellos y los has rodeado de personas que los aman. En el nombre de Jesús, amén.

CAPÍTULO 6:

TUS ERRORES Y PASADO NO TE DEFINEN

"ESTO SIGNIFICA QUE TODO EL QUE PERTENECE A CRISTO SE HA CONVERTIDO EN UNA PERSONA NUEVA. LA VIDA ANTIGUA HA PASADO; ¡UNA NUEVA VIDA HA COMENZADO! 2 CORINTIOS

En un mundo que juzga duramente y es rápido en etiquetar, una de las verdades más liberadoras que podemos impartir a nuestros hijos es que sus errores y su pasado no los definen. Esta verdad fundamental puede liberar a nuestros hijos de la carga del perfeccionismo, la vergüenza y el temor al fracaso. Así podrán crecer, aprender y vivir con confianza.

Pero ¿cómo podemos ayudar a nuestros hijos a que esta verdad se convierta en un fundamento sólido para su identidad y autoestima? ¿Cómo podemos guiarlos para que vean sus errores como oportunidades de aprendizaje y crecimiento, y no como una definición de quiénes son?

COMPRENDIENDO QUE LOS ERRORES Y EL PASADO NO NOS DEFINEN

1. LA GRACIA DE DIOS ES MAYOR QUE NUESTROS ERRORES

"La ley de Dios fue entregada para que toda la gente se diera cuenta de la magnitud de su pecado, pero mientras más pecaba la gente, más abundaba la gracia maravillosa de Dios". Romanos

La gracia de Dios es siempre más grande que nuestros errores y fracasos. Aunque no es una licencia para pecar, sí es un poder para ser y hacer lo que con nuestras propias fuerzas no podríamos.

APLICACIÓN PRÁCTICA:

Enseña a tus hijos sobre la gracia de Dios usando ejemplos de la Biblia y de la vida cotidiana. Ayúdales a entender que el amor de Dios no depende de su comportamiento.

2. DIOS NOS OFRECE UN NUEVO COMIENZO

"Por lo tanto, ya no hay condenación para los que pertenecen a Cristo Jesús;". Romanos 8:1

En Cristo, tenemos la oportunidad de un nuevo comienzo, libres ya de la condenación de nuestro pasado.

APLICACIÓN PRÁCTICA:

Cuando tus hijos cometan errores, usa esos momentos para enseñarles sobre el perdón y la oportunidad de comenzar de nuevo.

3. NUESTROS ERRORES PUEDEN CONVERTIRSE EN LECCIONES VALIOSAS

"Y sabemos que Dios hace que todas las cosas cooperen para el bien de quienes lo aman y son llamados según el propósito que él tiene para ellos". Romanos

Dios puede usar incluso nuestros errores y experiencias difíciles para nuestro crecimiento y para sus propósitos.

APLICACIÓN PRÁCTICA:

Ayuda a tus hijos a reflexionar sobre sus errores, y a identificar las lecciones aprendidas. Anímalos a ver cómo pueden crecer a partir de esas experiencias.

AYUDANDO A NUESTROS HIJOS A VIVIR LIBRES DEL PESO DEL PASADO

1. SÉ UN MODELO DE PERDÓN Y GRACIA

Tus hijos aprenderán más viendo cómo manejas tus propios errores que de lo que les digas sobre los suyos.

APLICACIÓN PRÁCTICA:

Cuando cometas errores, admítelos abiertamente. Muestra cómo buscas el perdón y cómo aprendes de tus errores.

2. ENSEÑA LA DIFERENCIA ENTRE RESPONSABILIDAD,

CULPA Y VERGÜENZA

La responsabilidad puede ser constructiva, llevándonos al arrepentimiento y al cambio. La culpa y la vergüenza, por otro lado, nos atan a nuestro pasado, generando un peso que paraliza nuestra vida.

APLICACIÓN PRÁCTICA:

Ayuda a tus hijos a procesar sus errores de una manera saludable. Enséñales a reconocer sus errores (responsabilidad), sin permitir que definan quiénes son (culpa y vergüenza).

3. FOMENTA UNA MENTALIDAD DE CRECIMIENTO

Ayuda a tus hijos a ver los desafíos y errores como oportunidades de aprendizaje y crecimiento.

APLICACIÓN PRÁCTICA:

Celebra los esfuerzos de tus hijos, y no solo sus éxitos. Anímalos a ver los fracasos como pasos en el camino hacia el éxito.

4. REFUERZA SU IDENTIDAD EN CRISTO

Ayuda a tus hijos a anclar su identidad en quiénes son en Cristo, y no en sus logros o fracasos.

APLICACIÓN PRÁCTICA:

Regularmente, recuérdales a tus hijos verdades bíblicas sobre su identidad en Cristo. Podrías crear tarjetas con versículos bíblicos que hablen de quiénes son en Cristo.

5. PRACTICA EL PERDÓN EN EL HOGAR

Crea una cultura de perdón en tu hogar, donde los errores son tratados con gracia y como oportunidades para crecer.

APLICACIÓN PRÁCTICA:

Cuando cometas errores, da el ejemplo y pide perdón. Perdona rápida y completamente cuando tus hijos te pidan perdón.

ABORDANDO DESAFÍOS COMUNES

1. PERFECCIONISMO Y MIEDO AL FRACASO

Algunos niños pueden desarrollar un temor paralizante a cometer errores.

ESTRATEGIAS:

- Anima a tus hijos a intentar cosas nuevas, enfatizando que está bien cometer errores en el proceso de aprendizaje.
- Comparte historias de personas exitosas que aprendieron de sus fracasos.

2. ACOSO ESCOLAR (BULLYING) O ETIQUETAS NEGATIVAS

Las palabras hirientes de otros pueden hacer que los niños se sientan definidos por sus errores o debilidades.

ESTRATEGIAS:

- Enseña a tus hijos a identificar y rechazar las mentiras que otros puedan decir de ellos.

- Refuerza constantemente su valor intrínseco como hijos de Dios.

3. ARREPENTIMIENTO PERSISTENTE

Algunos niños pueden tener dificultades para perdonarse a sí mismos, incluso después de que Dios y otros los hayan perdonado.

ESTRATEGIAS:

- Enseña a tus hijos sobre la amplitud y profundidad del perdón de Dios.

- Ayúdales a practicar el autoperdón, recordándoles que si Dios los ha perdonado, ellos también pueden perdonarse a sí mismos.

Ayudar a nuestros hijos a comprender que sus errores y su pasado no los definen es un regalo que los liberará para vivir con confianza, esperanza y propósito. Esta verdad les permitirá enfrentar los desafíos de la vida con resiliencia, sabiendo que son amados incondicionalmente, y que siempre tendrán la oportunidad de un nuevo comienzo en Cristo. Sé un modelo de esta manera de vivir.

PERDONA RÁPIDA Y COMPLETAMENTE CUANDO TUS HIJOS TE PIDAN PERDÓN.

Tómate un momento para reflexionar: ¿cómo he experimentado la libertad de saber que mis errores y mi pasado no me definen? ¿Cómo crear más oportunidades para que mis hijos experimenten esta verdad?

ORACIÓN

Padre celestial, te agradecemos por tu gracia infinita y tu perdón completo. Ayúdanos a vivir en la libertad que nos has dado, sabiendo que nuestros errores y nuestro pasado no nos definen. Guíanos mientras buscamos crear un hogar donde nuestros hijos puedan crecer, aprender y fallar sin temor, sabiendo que son amados incondicionalmente por ti y por nosotros. Que nuestros hijos crezcan con la seguridad inquebrantable de que su identidad está en ti, y no en sus éxitos o fracasos. En el nombre de Jesús, amén.

CAPÍTULO 7:

NO TE RINDAS

"ASÍ QUE NO NOS CANSEMOS DE HACER EL BIEN. A SU DEBIDO TIEMPO, COSECHAREMOS NUMEROSAS BENDICIONES SI NO NOS DAMOS POR VENCIDOS". GÁLATAS

En un mundo que a menudo premia los resultados rápidos y el éxito inmediato, una de las lecciones más valiosas que podemos enseñar a nuestros hijos es la importancia de la perseverancia. La capacidad de persistir frente a los desafíos, de levantarse después de las caídas y de mantener la esperanza en medio de las dificultades es una cualidad que les servirá en todos los aspectos de sus vidas.

LOS DESAFÍOS Y DIFICULTADES SON OPORTUNIDADES PARA DESARROLLAR FORTALEZA Y CARÁCTER.

Pero ¿cómo podemos cultivar esta resiliencia en nuestros hijos? ¿Cómo podemos enseñarles a ver los obstáculos como oportunidades de crecimiento y a mantener la fe en medio de las luchas?

COMPRENDIENDO EL VALOR DE NO RENDIRSE

1. LA PERSEVERANCIA DESARROLLA EL CARÁCTER

"También nos alegramos al enfrentar pruebas y dificultades porque sabemos que nos ayudan a desarrollar resistencia. Y la resistencia desarrolla firmeza de carácter, y el carácter fortalece nuestra esperanza segura de salvación". Romanos

Los desafíos y dificultades son oportunidades para desarrollar fortaleza y carácter.

APLICACIÓN PRÁCTICA:

Ayuda a tus hijos a ver los desafíos como oportunidades de crecimiento. Cuando enfrenten dificultades, anímales a preguntarse: "¿Qué puedo aprender de esto?"

2. DIOS ES FIEL EN NUESTRAS LUCHAS

"Las tentaciones que enfrentan en su vida no son distintas de las que otros atraviesan. Y Dios es fiel; no permitirá que la tentación sea mayor de lo que puedan soportar. Cuando sean tentados, él les mostrará una salida, para que puedan resistir.". 1 Corintios

Dios promete estar con nosotros en nuestras luchas y proporcionarnos la fuerza para perseverar.

APLICACIÓN PRÁCTICA:

Enseña a tus hijos a buscar la fuerza de Dios en tiempos de dificultad. Anímales a orar y a confiar en las promesas de Dios cuando se sientan tentados a rendirse.

3. LA RECOMPENSA VIENE DESPUÉS DE LA PERSEVERANCIA

"Dios bendice a los que soportan con paciencia las pruebas y las tentaciones, porque después de superarlas, recibirán la corona de vida que Dios ha prometido a quienes lo aman". Santiago

La perseverancia conduce a recompensas, tanto en esta vida como en la eternidad.

APLICACIÓN PRÁCTICA:

Ayuda a tus hijos a establecer metas a largo plazo y a trabajar constantemente hacia ellas. Celebra no solo los logros finales, sino también los pequeños pasos de progreso durante el camino.

AYUDÁNDOLOS A DESARROLLAR PERSEVERANCIA

1. MODELA LA PERSEVERANCIA

Tus hijos aprenderán más de tu ejemplo que de tus palabras.

APLICACIÓN PRÁCTICA:

Comparte con tus hijos tus propias luchas y cómo has perseverado a través de ellas. Deja que te vean enfrentando desafíos con determinación y fe.

2. ENSEÑA UNA MENTALIDAD DE CRECIMIENTO

Ayuda a tus hijos a ver los fracasos y dificultades como parte del proceso de aprendizaje y crecimiento.

APLICACIÓN PRÁCTICA:

Cuando tus hijos enfrenten un fracaso, anímales a preguntarse: "¿Qué aprendí?" y "¿Cómo puedo mejorar la próxima vez?"

3. FOMENTA LA RESOLUCIÓN DE PROBLEMAS

Enseña a tus hijos a abordar los problemas de manera proactiva, en lugar de evitarlos o rendirse ante ellos.

APLICACIÓN PRÁCTICA:

Cuando tus hijos enfrenten un problema, guíalos a través de un proceso de resolución de problemas: identificar el problema, pensar en posibles soluciones, elegir la mejor opción y ponerla en práctica.

4. CELEBRA EL ESFUERZO, NO SOLO EL RESULTADO

Ayuda a tus hijos a valorar tanto el proceso como el resultado final.

APLICACIÓN PRÁCTICA:

Elogia el esfuerzo y la determinación de tus hijos, aun cuando no alcancen el resultado deseado. Usa frases como "me impresiona lo duro que trabajaste" o "veo cuánto te esforzaste en esto".

5. ENSEÑA LA IMPORTANCIA DE LAS PEQUEÑAS VICTORIAS

Ayuda a tus hijos a reconocer y celebrar los pequeños pasos de progreso.

APLICACIÓN PRÁCTICA:

Anima a tus hijos a dividir las grandes metas en pasos más pequeños y manejables. Celebra cada pequeño logro en el camino hacia la meta final.

ABORDANDO DESAFÍOS COMUNES

1. DESÁNIMO Y DESMOTIVACIÓN

Es natural que los niños se desanimen cuando las cosas se ponen difíciles.

ESTRATEGIAS:

- Ayuda a tus hijos a recordar sus éxitos pasados cuando se sientan desanimados.
- Anímales a visualizar el resultado final y a mantener la vista fija en su meta.

2. COMPARACIÓN CON LOS DEMÁS

La comparación constante con otros puede llevar a la desmotivación y al deseo de rendirse.

ESTRATEGIAS:

- Enseña a tus hijos a competir contra sí mismos, no contra los demás.
- Ayúdales a reconocer y a apreciar sus propios y únicos dones y talentos.

3. MIEDO AL FRACASO

El temor al fracaso puede paralizar a los niños y evitar que siquiera lo intenten.

ESTRATEGIAS:

- Redefine el fracaso como una oportunidad de aprendizaje.

- Comparte historias de personas famosas que fracasaron muchas veces antes de alcanzar el éxito.

Enseñar a nuestros hijos a nunca rendirse es darles una herramienta poderosa para la vida. Esta perseverancia, arraigada en la fe y la confianza en Dios, les permitirá enfrentar cualquier desafío que la vida les presente. Sé un modelo de esta actitud, y apoya a tus hijos en sus luchas, dándoles un regalo que les servirá por el resto de sus vidas.

Tómate un momento para reflexionar: *¿cómo he demostrado perseverancia? ¿Qué lecciones he aprendido a través de las luchas que puedo compartir con mis hijos?*

ORACIÓN

Padre celestial, te agradecemos por tu fidelidad inquebrantable. Ayúdanos a perseverar en todas las circunstancias, confiando en tu fuerza y tu gracia. Guíanos mientras enseñamos a nuestros hijos a nunca rendirse, a confiar en ti en los momentos difíciles, y a ver los desafíos como oportunidades de crecimiento. Que nuestros hijos crezcan para llegar a ser personas resilientes, que perseveren en la fe y en la vida, sabiendo que tú estás siempre con ellos. En el nombre de Jesús, amén.

CAPÍTULO 8:

EL AUTOCUIDADO Y EL AMOR PROPIO

"EL SEGUNDO ES IGUALMENTE IMPORTANTE: «AMA A TU PRÓJIMO COMO A TI MISMO». NINGÚN OTRO MANDAMIENTO ES MÁS IMPORTANTE QUE ESTOS". MARCOS

En una cultura que a menudo confunde el amor propio con el egoísmo, es crucial enseñar la importancia del autocuidado y el amor propio saludable. Esta lección es fundamental no solo para tu bienestar personal, sino también para tu capacidad de amar y servir a los demás de manera efectiva.

El mandamiento de Jesús de amar a nuestro prójimo como a nosotros mismos implica que el amor propio es la base para amar a los demás. Sin embargo, muchos niños y adultos luchan con sentimientos de culpa cuando priorizan su propio bienestar.

¿Cómo podemos ayudar a nuestros hijos a desarrollar un amor propio saludable sin caer en el egoísmo? ¿Cómo podemos enseñarles a cuidar de sí mismos de una manera que honre a Dios y les permita servir mejor a los demás?

COMPRENDIENDO EL AUTOCUIDADO Y EL AMOR PROPIO BÍBLICOS

1. SOMOS CREADOS A IMAGEN DE DIOS

"Así que Dios creó a los seres humanos a su propia imagen. A imagen de Dios los creó; hombre y mujer los creó". Génesis

Cada persona tiene un valor intrínseco como portador de la imagen de Dios.

APLICACIÓN PRÁCTICA:

Enseña a tus hijos que cuidarse es una forma de honrar a Dios, cuya imagen llevan.

2. NUESTROS CUERPOS SON TEMPLOS DEL ESPÍRITU SANTO

"¿No se dan cuenta de que su cuerpo es el templo del Espíritu Santo, quien vive en ustedes y les fue dado por Dios? Ustedes no se pertenecen a sí mismos". 1 Corintios

Cuidar de nuestro cuerpo, mente y espíritu es una responsabilidad espiritual.

APLICACIÓN PRÁCTICA:

Ayuda a tus hijos a entender que cuidar de su salud física, mental y espiritual es una forma de honrar a Dios.

3. EL DESCANSO ES PARTE DEL PLAN DE DIOS

"Luego dijo Jesús: «Vengan a mí todos los que están cansados y llevan cargas pesadas, y yo les daré descanso". Mateo

El descanso y la recarga de fuerzas no son lujos, sino necesidades establecidas por Dios.

APLICACIÓN PRÁCTICA:

Enseña a tus hijos la importancia del descanso y de recargar fuerzas. Sé tú mismo un ejemplo del equilibrio entre el trabajo y el descanso.

AYUDANDO A NUESTROS HIJOS A PRACTICAR UN AUTOCUIDADO SALUDABLE

1. ENSEÑA LA DIFERENCIA ENTRE AMOR PROPIO Y EGOÍSMO

El amor propio saludable nos permite amar y servir mejor a los demás, mientras que el egoísmo pone nuestros deseos por encima de las necesidades de los demás.

APLICACIÓN PRÁCTICA:

Usa ejemplos de la vida diaria para mostrar la diferencia entre el amor propio saludable y el egoísmo. Por ejemplo, cuidar de nuestra salud para poder ayudar a otros vs. acaparar recursos que otros necesitan.

2. FOMENTA HÁBITOS DE AUTOCUIDADO

Ayuda a tus hijos a desarrollar hábitos que promuevan su bienestar físico, emocional y espiritual.

APLICACIÓN PRÁCTICA:

Establece rutinas familiares que incluyan tiempo para el ejercicio, la alimentación saludable, el descanso adecuado y la reflexión espiritual.

3. ENSEÑA A ESTABLECER LÍMITES SALUDABLES

Los límites son esenciales para el autocuidado y las relaciones saludables.

APLICACIÓN PRÁCTICA:

Ayuda a tus hijos a identificar sus límites personales y a comunicarlos de manera respetuosa. Respeta los límites de tus hijos para modelar este comportamiento.

4. PROMUEVE LA AUTOCOMPASIÓN

La autocompasión nos permite ser amables con nosotros mismos en momentos de dificultad o fracaso.

APLICACIÓN PRÁCTICA:

Enseña a tus hijos a hablarse a sí mismos con amabilidad, especialmente cuando cometen errores. Sé un modelo de esto con tu propia vida.

5. CULTIVA LA GRATITUD

La gratitud nos ayuda a apreciar los dones que Dios nos ha dado, incluyendo nuestro propio ser.

APLICACIÓN PRÁCTICA:

Establece una práctica diaria de gratitud en familia, donde cada uno comparta algo por lo que está agradecido, incluyendo aspectos de sí mismos.

ABORDANDO DESAFÍOS COMUNES

1. CULTURA DE SACRIFICIO EXCESIVO

Algunas interpretaciones religiosas pueden fomentar un sacrificio personal excesivo.

ESTRATEGIAS:

- Enseña un equilibrio bíblico entre el servicio a los demás y el autocuidado.
- Muestra ejemplos de Jesús retirándose para descansar y recargar fuerzas.

2. PRESIÓN SOCIAL Y COMPARACIÓN

La presión de los compañeros y las redes sociales pueden afectar la autoestima y el amor propio.

ESTRATEGIAS:

- Ayuda a tus hijos a desarrollar una identidad sólida, basada en quiénes son en Cristo, y no en comparaciones externas.
- Enseña el uso saludable de las redes sociales y cómo manejar la presión de los compañeros.

3. PERFECCIONISMO

El perfeccionismo puede llevar a una autocrítica excesiva y a la falta de autocuidado.

ESTRATEGIAS:

- Enseña la importancia de hacer lo mejor posible sin esperar la perfección.
- Modela cómo ser amable contigo mismo cuando cometes errores.

Enseñar a nuestros hijos que el autocuidado y el amor propio no son egoísmo es darles una base sólida para una vida saludable y equilibrada. Entender esto les permitirá cuidar de sí mismos de una manera que honre a Dios y les permita amar y servir mejor a los demás. Ser modelos de un amor propio saludable y fomentar buenos hábitos de autocuidado equipará a nuestros hijos para una vida de servicio efectivo y relaciones saludables.

Tómate un momento para reflexionar: *¿cómo practico el autocuidado en mi vida? ¿Qué mensajes envío a mis hijos sobre el amor propio a través de acciones y palabras?*

ORACIÓN

Padre celestial, te agradecemos por crearnos a tu imagen y por el amor que nos tienes. Ayúdanos a amarnos a nosotros mismos de una manera que te honre y nos permita servir mejor a los demás. Guíanos mientras enseñamos a nuestros hijos la importancia del autocuidado y el amor propio

TUS ERRORES Y PASADO NO TE DEFINEN

saludable. Que nuestros hijos crezcan con una comprensión equilibrada de cómo amarse a sí mismos y a los demás, reflejando tu amor en todo lo que hacen. En el nombre de Jesús, amén.

CAPÍTULO 9:

ERES QUIEN DIOS DICE QUE ERES

"PERO USTEDES NO SON ASÍ PORQUE SON UN PUEBLO ELEGIDO. SON SACERDOTES DEL REY, UNA NACIÓN SANTA, POSESIÓN EXCLUSIVA DE DIOS. POR ESO PUEDEN MOSTRAR A OTROS LA BONDAD DE DIOS, PUES ÉL LOS HA LLAMADO A SALIR DE LA OSCURIDAD Y ENTRAR EN SU LUZ MARAVILLOSA.".
1 PEDRO

En un mundo que constantemente nos define en base a estándares cambiantes y superficiales, es crucial enseñarles que su verdadera identidad se encuentra en lo que Dios dice sobre ellos. Esta verdad fundamental puede anclar a nuestros hijos en un sentido de valor y propósito que trasciende las opiniones y expectativas del mundo.

Pero ¿cómo podemos ayudar a nuestros hijos a interiorizar esta verdad de manera que se convierta en el fundamento de su identidad? ¿Cómo podemos contrarrestar los mensajes negativos que reciben del mundo y ayudarlos a abrazar su identidad en Cristo?

COMPRENDIENDO NUESTRA IDENTIDAD EN CRISTO

1. SOMOS HIJOS AMADOS DE DIOS

"Miren con cuánto amor nos ama nuestro Padre que nos llama sus hijos, ¡y eso es lo que somos! Pero la gente de este mundo no reconoce que somos hijos de Dios, porque no lo conocen a él". 1 Juan

Nuestra identidad fundamental es la de ser hijos amados de Dios.

APLICACIÓN PRÁCTICA:

Recuerda constantemente a tus hijos que son amados incondicionalmente por Dios. Usa frases como "Dios te ama exactamente tal cual eres" regularmente.

2. SOMOS NUEVAS CRIATURAS EN CRISTO

"Esto significa que todo el que pertenece a Cristo se ha convertido en una persona nueva. La vida antigua ha pasado; ¡una nueva vida ha comenzado!" 2 Corintios

En Cristo, tenemos una nueva identidad que no está definida por nuestro pasado.

APLICACIÓN PRÁCTICA:

Ayuda a tus hijos a entender que su identidad en Cristo es más poderosa que cualquier etiqueta que el mundo intente ponerles.

3. SOMOS EMBAJADORES DE CRISTO

"Así que somos embajadores de Cristo; Dios hace su llamado por medio de nosotros. Hablamos en nombre de Cristo cuando les rogamos: ¡Vuelvan a Dios!". 2 Corintios

Tenemos un propósito divino como representantes de Cristo en el mundo.

APLICACIÓN PRÁCTICA:

Enseña a tus hijos que su identidad en Cristo incluye una misión: representar a Dios en el mundo a través de sus acciones y palabras.

AYUDANDO A NUESTROS HIJOS A ABRAZAR SU IDENTIDAD EN CRISTO

1. ENSÉÑALES LO QUE DIOS DICE SOBRE ELLOS

Ayuda a tus hijos a conocer y memorizar versículos bíblicos que hablen de su identidad en Cristo.

APLICACIÓN PRÁCTICA:

Crea tarjetas con versículos bíblicos sobre la identidad en Cristo y colócalas en lugares visibles de la casa. Anima a tus hijos a memorizar estos versículos.

2. MODELA UNA IDENTIDAD BASADA EN CRISTO

Tus hijos aprenderán más de cómo vives tu propia identidad en Cristo que de lo que les digas.

APLICACIÓN PRÁCTICA:

Comparte con tus hijos cómo tu identidad en Cristo afecta tus decisiones y actitudes diarias. Sé transparente sobre tus propias luchas y victorias en esta área.

3. AYÚDALES A IDENTIFICAR Y RECHAZAR LAS MENTIRAS

Enseña a tus hijos a reconocer los mensajes que contradicen lo que Dios dice sobre ellos.

APLICACIÓN PRÁCTICA:

Cuando tus hijos expresen dudas sobre sí mismos, ayúdales a identificar la fuente de esos pensamientos y a contrastarlos con la verdad de la Palabra de Dios.

4. FOMENTA UNA COMUNIDAD QUE REFUERCE ESTA VERDAD

Rodea a tus hijos de personas que refuercen su identidad en Cristo.

APLICACIÓN PRÁCTICA:

RECONOCE Y CELEBRA LAS FORMAS EN QUE TUS HIJOS REFLEJAN SU IDENTIDAD EN CRISTO.

Involúcrate activamente en una iglesia local y anima a tus hijos a participar en grupos de jóvenes que enseñen una identidad basada en Cristo.

5. CELEBRA QUIENES SON EN CRISTO

Reconoce y celebra las formas en que tus hijos reflejan su identidad en Cristo.

APLICACIÓN PRÁCTICA:

Cuando veas a tus hijos actuando de maneras que reflejen su identidad en Cristo (mostrando amor, perdón, valentía, etc.), señálalo y celébralo.

ABORDANDO DESAFÍOS COMUNES

1. PRESIÓN SOCIAL Y COMPARACIÓN

El mundo constantemente intenta definir a nuestros hijos basándose en estándares superficiales.

ESTRATEGIAS:

- Enseña a tus hijos a evaluar los mensajes del mundo a la luz de la verdad de Dios.
- Ayúdales a desarrollar un "filtro bíblico" para procesar los mensajes que reciben.

2. FRACASOS Y ERRORES

Los fracasos pueden hacer que nuestros hijos duden de su identidad en Cristo.

ESTRATEGIAS:

- Enseña que los fracasos no definen quiénes son en Cristo.
- Usa los errores como oportunidades para reforzar la gracia y el amor incondicional de Dios.

3. LUCHAS CON LA AUTOESTIMA

Muchos niños luchan con sentimientos de inadecuación o de baja autoestima.

ESTRATEGIAS:

- Refuerza constantemente el valor intrínseco que tienen como hijos de Dios.
- Ayúdales a ver sus dones y talentos como regalos de Dios para ser usados para su gloria.

Enseñar a nuestros hijos que son lo que Dios dice que son es darles un fundamento inquebrantable para su identidad. Esta verdad puede sostenerlos a través de los altibajos de la vida, proporcionándoles un ancla de seguridad en un mundo inestable. Esta verdad debe ser reforzada constantemente. A medida que tus hijos crecen y enfrentan nuevos desafíos, su comprensión de su identidad en Cristo también puede profundizarse y madurar.

Tómate un momento para reflexionar: *¿cómo he experimentado mi identidad en Cristo? ¿Cómo puedo reforzar más efectivamente esta verdad en mis hijos?*

ORACIÓN

Padre celestial, te agradecemos por la identidad que nos has dado en Cristo. Ayúdanos a vivir plenamente en esta verdad y a modelarla para nuestros hijos. Guíanos mientras buscamos ayudar a nuestros hijos a abrazar quiénes son en ti. Que nuestros hijos crezcan con una comprensión profunda y duradera de su identidad como tus hijos amados, confiando en tu Palabra por encima de las voces del mundo. En el nombre de Jesús, amén.

PARTE 2:
LO QUE COMO PADRES NECESITAMOS SABER

CAPÍTULO 10:

NUESTROS PECADOS DE CRIANZA

Hemos hablado de lo que nuestros hijos necesitan saber, pero ahora quiero dirigirme a ti, padre de familia. ¿Estás de acuerdo en que la crianza siempre ha sido difícil? ¿Coincides en que hoy es más desafiante que nunca? ¡Necesitamos la ayuda de Dios! Lety y yo, con dos hijos, sabemos que no somos una familia cristiana perfecta, pero intentamos criar a nuestros hijos en casa y en la iglesia. Hoy, ser niño o adolescente puede ser incluso más difícil que ser padre, especialmente con los crecientes problemas de salud mental que afectan a nuestros hijos.

Hoy existen niños de tan solo 9 años que luchan contra la ansiedad, la depresión y el acoso. Les damos acceso a dispositivos móviles que los exponen a contenido inapropiado y a influencias peligrosas desde muy pequeños. Esencialmente, les estamos dando pornografía en el bolsillo, los estamos lanzando al mundo de Facebook, Instagram, YouTube, TikTok y Snapchat, donde pueden aprender todo sobre la confusión de género y la perversión sexual, y exponerse a malas influencias una y otra vez. Además, están expuestos a una cantidad de información que los abruma. Antes, los niños podían tener miedo de cosas como las abejas asesinas que veían en documentales; hoy, son testigos de guerras en tiempo real a través de las redes sociales. Como padres cristianos, queremos que nuestros hijos conozcan y amen a Dios, por lo que debemos criarlos con propósito. El siguiente pasaje se conoce como "El Shemá" y se encuentra en Deuteronomio 6. El Shemá se considera la oración más recitada y esencial en el judaísmo.

> *"Esos son los mandatos, los decretos y las ordenanzas que el Señor tu Dios me encargó que te enseñara. Obedécelos cuando llegues a la tierra donde estás a punto de entrar y que vas a poseer. Tú, tus hijos y tus nietos teman al Señor su Dios durante toda la vida. Si obedeces todos los decretos y los mandatos del Señor, disfrutarás de una larga vida. Escucha con atención, pueblo de Israel, y asegúrate de obedecer. Entonces todo te saldrá bien, y tendrás muchos hijos en la tierra donde fluyen la leche y la miel, tal como el Señor, Dios de tus antepasados, te lo prometió. ¡Escucha, Israel! El Señor es nuestro Dios, solamente el Señor. Ama al Señor tu Dios con todo tu corazón, con toda tu alma y con todas tus fuerzas. Debes comprometerte con todo tu ser a cumplir cada uno de estos mandatos que hoy te entrego. Repíteselos a tus hijos una y otra vez. Habla de ellos en tus conversaciones cuando estés en tu casa y cuando vayas por el camino, cuando te acuestes y cuando te levantes. Átalos a tus manos y llévalos sobre la frente como un recordatorio. Escríbelos en los marcos de la entrada de tu casa y sobre las puertas de la ciudad.". Deuteronomio 6:1-9*

Aquí está la clave de la crianza bíblica para discipular a nuestros hijos. Pero, ¿cómo lo hacemos? Debemos practicar estas verdades en la vida diaria. La Biblia nos instruye a hablar de la Palabra de Dios en todo momento: en casa, al caminar, al acostarnos y al levantarnos. Debemos integrarla en nuestra vida cotidiana, no solo en momentos específicos. Ser un padre con propósito significa ir más allá de simplemente llamarnos "padres cristianos" culturalmente. No basta con identificarnos como cristianos porque no pertenecemos a otra religión. Más bien, debemos ser familias centradas en Jesús. ¿Qué diferencia hay? Muchas personas se consideran "cristianos culturales", que solo recurren a la oración en tiempos difíciles, en las comidas o asisten a la iglesia en ocasiones especiales como Navidad y Pascua. Pero ser una familia centrada en Cristo implica que Dios es el centro de nuestras vidas, no solo una parte más. Como padres, especialmente en los primeros años de vida de nuestros hijos, tenemos la mayor influencia sobre ellos. Es fundamental que la verdad de Dios esté en nuestros corazones y que transmitamos esas verdades a nuestros hijos en todas las situaciones diarias, desde el desayuno hasta la hora de acostarse. Cuando Dios es todo en nuestras vidas,

NUESTROS PECADOS DE CRIANZA

eso se refleja en nuestra crianza. Sin embargo, observamos que muchos adolescentes hoy en día están sufriendo, sienten miedo, desesperación, depresión y confusión sobre su identidad. ¿Qué estamos haciendo mal? Quizás muchas cosas. Hay tres cosas que creo que estamos haciendo mal; son nuestros "pecados de crianza":

1. ARRIESGAMOS MUY POCO.

2. RESCATAMOS DEMASIADO RÁPIDO.

3. MODELAMOS DEMASIADO DÉBILMENTE.

VAMOS A DESGLOSARLOS UNO POR UNO.

1. ARRIESGAMOS MUY POCO

Hoy en día, muchos padres priorizan evitar el riesgo y el dolor en la crianza de sus hijos. Queremos mantenerlos seguros y protegidos de cualquier malestar. Sin embargo, esto puede tener consecuencias no deseadas.

> **AL DECIRLES QUE EVITEN TODO RIESGO, LES HEMOS ROBADO EL QUE PONGAN SU FE EN DIOS.**

Recuerdo que cuando éramos niños, nuestros padres nos dejaban salir a jugar todo el día, sin una supervisión constante. Nos las arreglábamos para comer y beber agua de una manguera, y solo teníamos que estar en casa antes de que oscureciera. No es que nuestros padres no nos amaran; simplemente no estaban obsesionados con evitarnos todos los riesgos y dolores. Antes, era común que los niños caminaran solos a la escuela o viajaran en la parte trasera de una camioneta sin cinturones de seguridad. No estoy sugiriendo que debamos volver a eso, pero debemos permitir que nuestros hijos crezcan y se enfrenten a ciertos desafíos. Es importante que usen cinturones de seguridad y cascos cuando sea necesario, pero no debemos exagerar al punto de quitarles la confianza en sí mismos. Hoy en día hay muchachos de 20 años que no quieren conducir porque les da miedo, porque les parece demasiado arriesgado. A los 22 años, los chicos luchan por llenar una solicitud de trabajo porque literalmente no tienen la confianza para hacerlo. En la actualidad muchos padres les estamos robando el creer en sí mismos. Al decirles que eviten todo riesgo, les hemos robado el que pongan su fe en Dios. La generación de hoy dice que no cree en nada, pero la realidad es que los padres les robamos la confianza en sí mismos, y al hacer eso ya no creen en ellos mismos. Como consecuencia, no pueden creer en Dios. Y la Biblia es clara:

"De hecho, sin fe es imposible agradar a Dios. Todo el que desee acercarse a Dios debe creer que él existe y que él recompensa a los que lo buscan con sinceridad". Hebreos

A esta generación le cuesta creer en Dios porque nos arriesgamos muy poco. En segundo lugar (y sé que he sido culpable de esto):

2. RESCATAMOS DEMASIADO RÁPIDO

Te doy un ejemplo: la pequeña Emma se olvida de hacer su proyecto científico. Así que mamá se queda despierta hasta las dos de la mañana haciendo el proyecto, y luego celebra a lo grande cuando ganan en la feria estatal, ¿verdad? Rosita olvida su chaqueta en la escuela. Tiene frío, así que papá se va del trabajo, va a casa, agarra su chaqueta y se la lleva a la pequeña Rosita. Sabes lo que harían nuestros padres, ¿verdad? Ahora que olvidaste tu chaqueta, camina a casa en el frío; no vas a olvidar tu chaqueta la próxima vez. De hecho, tengo una historia de la vida real que me sucedió dando una consultoría a una empresa dirigida a su personal. Uno de los empleados, de 29 años, tenía todo el tiempo problemas para llegar temprano al trabajo. Así que le llamé la atención tres veces. Entonces su madre llamó a la oficina para explicar por qué le costaba tanto a su hijo llegar a tiempo al trabajo. Consecuencia: él ya no trabaja más en esa empresa (y su mamá tampoco). Las consecuencias son un gran profesor. Si les robamos a nuestros hijos las consecuencias, les estamos robando grandes lecciones. La Escritura dice esto:

"No se dejen engañar: nadie puede burlarse de la justicia de Dios. Siempre se cosecha lo que se siembra". Gálatas

Cuando les robamos a nuestros hijos las consecuencias naturales de Dios, no es de extrañar luego que no le teman. Quitar todas las consecuencias resulta en los problemas que tenemos. Cosechamos lo que sembramos. Lo comparo con la parábola del hijo perdido en Lucas capítulo 15. Había un hijo que dijo: "Padre, quiero mi herencia ahora". ¿Y qué hizo el hijo cuando recibió ese dinero? Salió y se fue de fiesta y su vida se vino abajo. Cayó en el pecado. Estaba totalmente roto. ¿Y qué hizo el amoroso padre? Al verlo arrepentido, le dio la bienvenida de nuevo, con todo el amor y la gracia posibles. ¡El padre no rescató a su hijo! Hay una gran diferencia. A veces creo que nos equivocamos. Arriesgamos muy poco. Rescatamos demasiado pronto.

3. MODELAMOS DEMASIADO DÉBILMENTE

Quiero decirles a los padres que si no nos tomamos en serio nuestra fe en Jesús, si no estamos modelando una búsqueda sincera de vivir nuestras vidas para la gloria de Jesús, ¿cómo podemos esperar que nuestros hijos lo hagan? Si la verdad no está en nuestro corazón, ¿cómo podemos inculcar esa verdad en nuestros hijos? Cuando se trata de la crianza de los hijos, especialmente en los primeros años, todo se capta más por el ejemplo que por lo que se enseña. Seamos nosotros el ejemplo, y no solo el maestro. Nuestros hijos están siempre vigilando lo que hacemos. Tus hijos no solo se convierten en lo que les dices, sino que se convierten en lo que ven en ti; se convierten en lo que te ven hacer en tu vida diaria. Como padres, una de las formas más rápidas de alejar a nuestros hijos de Dios es decir una cosa y hacer otra. En otras palabras: es ser hipócritas. Si en el momento en que proclamamos la fe en Jesús decimos que somos una familia cristiana, pero no oramos, no somos generosos, no perdonamos ni servimos en ningún lugar de nuestra iglesia, y nuestra vida solo se trata de nosotros, entonces estamos diciendo una cosa pero haciendo otra. No es de extrañar que nuestros hijos huyan de Dios. La forma más rápida de alejarlos es ser hipócritas. De hecho, fue Jesús quien dijo esto en la Biblia:

"Jesús contestó: —¡Hipócritas! Isaías tenía razón cuando profetizó acerca de ustedes, porque escribió: «Este pueblo me honra con sus labios, pero su corazón está lejos de mí.»". Marcos 7:6

Ahora, nunca seremos perfectos. Si decimos constantemente una cosa pero vivimos otra, nuestros hijos huirán de las cosas de Dios. Entonces, estos son nuestros tres pecados de crianza: arriesgamos muy poco, rescatamos demasiado rápido y modelamos demasiado débilmente.

¿QUÉ TENEMOS QUE HACER?

¡Arrepentirnos! Para algunas personas, "arrepentirse" se convirtió en una palabra negativa. Pero la idea que tiene el mundo de lo que significa arrepentirse está totalmente equivocada. "Arrepentirse" es, en realidad, la palabra más positiva y transformadora del mundo. La palabra "arrepentirse" es "metanoia" que significa: cambiar la forma en que hemos sido entrenados para pensar. Es decir, el arrepentimiento es un cambio de mentalidad, un giro de 180 grados, un cambio de opinión. Arrepentimiento significa que solías pensar de una manera, pero ahora piensas de otra. Arrepentimiento es pensar en Dios como realmente él es, un Padre bondadoso y amoroso. Debemos pensar en nosotros como Dios nos ve, con valor y propósito. El arrepentimiento consiste en empezar a repensar tu vida para que coincida con lo que Jesús piensa. Cuando nos arrepentimos pasamos de la oscuridad a la luz. Arrepentirse es el cambio más positivo del mundo. El camino hacia un nuevo comienzo y una conciencia limpia comienza con el arrepentimiento. ¿Cómo nos arrepentimos?

1. TOMAMOS RESPONSABILIDAD POR NUESTRO PECADO.

2. NOS ALEJAMOS DE LAS COSAS MALAS.

3. NOS VOLVEMOS HACIA DIOS.

Padres, tenemos que arrepentirnos de nuestra mala crianza, porque el mayor obstáculo para la crianza con propósito de nuestros hijos somos nosotros. Quisiera invitarte a hacer una oración de arrepentimiento para dejar los pecados y las malas maneras de crianza que están fuera de la voluntad de Dios y volvernos a él: *Padre celestial, en el nombre de Jesús te pido que me perdones por mis pecados de crianza; he arriesgado muy poco, rescatado muy rápido y modelado muy débilmente. También te pido*

NUESTROS PECADOS DE CRIANZA

perdón por muchas otras cosas de las cuales no estoy orgulloso. Límpiame con tu sangre y te pido que tu Espíritu Santo me ayude a criar a mis hijos como dice tu Palabra. Te doy muchas gracias en el nombre de Jesús, Amén.

CAPÍTULO 11:

¿CÓMO AYUDAR A NUESTROS HIJOS A CONECTARSE CON DIOS?

Como padres, amamos a nuestros hijos y queremos lo mejor para ellos, y sabemos que lo mejor es que estén conectados con Dios. Estar cerca de Dios no es lo mismo que estar conectados con él, del mismo modo que un teléfono cercano a un cargador no necesariamente está conectado a él. De manera similar, muchos de nuestros hijos están cerca de Dios, pero aún no se han conectado con él. Es fundamental ayudarlos a establecer esa conexión, porque no existe nada mejor para ellos. A menudo, como padres y pastores, es un reto lograr que nuestros hijos vivan lo que predicamos sin que tengamos que adoptar una actitud controladora y manipuladora. Primero modelamos y enseñamos los principios en casa antes de exponerlos al mundo. Sin embargo, si nuestros hijos no están conectados con Dios, puede parecer que van en contra de lo que

A QUIÉN Y A QUÉ EXPONEMOS A NUESTROS HIJOS INFLUIRÁ EN QUIÉNES SE CONVIERTEN Y EN QUÉ CREEN.

les enseñamos. Por eso, nuestra prioridad debe ser ayudarlos a conectarse con Dios.

¿Qué podemos hacer mejor para ayudar a nuestros hijos a conectarse con Dios? A continuación, te daré un par de opciones.

Una forma de hacerlo es a través de la «ley de la exposición»: cuanto más cerca estén de algo, más se convertirán en eso. A quién y a qué exponemos a nuestros hijos influirá en quiénes se convierten y en qué creen. Si los exponemos continuamente a influencias negativas, es probable que se alejen de Dios. No podemos obligar a nuestros hijos a amar a Dios, pero sí podemos exponerlos a personas y experiencias que aumenten la posibilidad de su crecimiento espiritual. Si nuestros hijos están expuestos a malas actitudes, a imágenes hipersexualizadas, al materialismo duro, al pensamiento pervertido, a los prejuicios o valores negativos, no hay duda de por qué se alejarían de Dios. No podemos obligar a nuestros hijos a amar a Dios, pero sí podemos exponerlos a personas y experiencias que aumenten la posibilidad de su crecimiento espiritual. No podemos forzarlos, no podemos controlarlos, nunca podremos hacer que amen a Dios, pero podemos ser selectivos en cuanto a los entornos en los que los colocamos. El entorno es la mano invisible que le da forma al comportamiento. Podemos exponerlos a las personas adecuadas y a experiencias espirituales que aumenten la probabilidad de que crezcan en su fe en Jesús. Entonces, ¿a qué experiencias queremos exponer a nuestros hijos?

1. EXPONERLOS A LA ALEGRÍA DE CONOCER A DIOS PERSONALMENTE

Queremos que nos vean conocer a Dios, adorar a Dios, necesitar a Dios, ser confrontados por Dios, ser cambiados por Dios y experimentar su poder, su propósito y su paz en nuestras vidas. Queremos que lo vean en nosotros, y así es como lo querrán también ellos. Queremos exponerlos a la alegría de ser transformados por una relación íntima con Dios. De

¿CÓMO AYUDAR A NUESTROS HIJOS A CONECTARSE CON DIOS?

hecho, así es como Jesús describió la vida eterna. No es un comportamiento, es una relación.

"Y la manera de tener vida eterna es conocerte a ti, el único Dios verdadero, y a Jesucristo, a quien tú enviaste a la tierra". Juan 17:3

Hace poco, en una entrevista, le preguntaron a Valentina qué cree que se necesita hacer para que los hijos conozcan realmente a Dios de una manera personal. Ella dijo que se debería crear un entorno en el que los hijos quisieran tener conversaciones sobre Dios. Que fuera algo que no sintieran que tienen que hacer sino que quieren hacer. Pienso que su respuesta es muy poderosa. Padres de familia, lo que necesitamos hacer es crear un entorno en el que nuestros hijos realmente quieran hablar de las cosas de Dios. Eso es lo que dice la Biblia en Deuteronomio 6, en el "Shemá". Será sano que no se sientan obligados, sino que lo sientan como una parte natural de un hogar centrado en Jesús. Como familia centrada en Jesús, hablemos de Dios, de ser como Jesús y de la fe, de servir y de todo lo que implica ser un verdadero seguidor de Jesús. Haz que ese tema sea lo más normal y común en tu hogar. Lety y yo intentamos hacer esto intencionadamente desde que nuestros hijos eran pequeños. Salíamos por pizza, y Lety decía: "¿Pueden creer cómo el Señor nos ha bendecido? Tenemos pepperoni y queso extra". Y así, literalmente, atamos las bendiciones de Dios con solo una noche en familia. Un niño puede obtener un diez en un examen. Y en lugar de decir: "¡Gran trabajo!", decimos: "Honraste a Dios con la manera en que estudiaste". Y entonces él solo conectará la parte natural de Dios. Otro caso: ellos pierden el gran partido de fútbol y están devastados. Y le dices: "Pero sabes qué, fuiste un gran compañero de equipo. Respetaste a tus compañeros y rivales, pero sobre todo diste lo mejor de ti y así realmente honraste a Dios".

Tomas cualquier tipo de actividad normal y creas un entorno en el que es natural hablar de Dios. Así, el día en que tengan preguntas sobre Dios, van a venir a ti. Quieres estar tan cómodo hablando de ello que cuando tengan una duda (y las tendrán, te lo garantizo), el lugar más seguro al que puedan venir es a ti. Queremos exponerlos a la alegría de conocer a Dios. Y no hay relación sin conversación. Como padres, queremos modelar que somos personas de conversaciones, como la oración. Hablamos con Dios y escuchamos a Dios, y buscamos a Dios en su Palabra. Alguien le preguntó a mi hijo Rodri: "¿Cómo hicieron tus padres para lograr que ores y leas la Biblia? ¿Te sobornaron, te amenazaron, te obligaron? ¿O es porque eres hijo de un pastor?". Y mi hijo dijo, "Oh, no, no, no, no, no. Mamá y papá nunca nos dijeron que leyéramos la Biblia". El tipo quedó muy confundido. "Todo el mundo en la familia lo hace, así que pensé que yo también lo haría. Nadie nos dijo que lo hiciéramos; es solo una parte de la cultura familiar". Cuando empiecen a hablar de Dios como parte normal de tu conversación familiar, un día te dirán: "Papá y mamá, déjenme decirles lo que Dios me mostró hoy". Eso no tiene precio.

2. EXPONLOS A LA PRESENCIA Y EL PODER DE DIOS EN LA IGLESIA

"Pero los justos florecerán... Porque son trasplantados al huerto del Señor, y están en los atrios de nuestro Dios". Salmos

Si eres parte de una familia cristiana cultural, probablemente vayas a la iglesia solo cuando se ajusta a tu horario. Pero si estás en una familia centrada en Jesús, estarás firmemente plantado en la casa del Señor, donde florecerás espiritualmente. Ahora bien, quiero hacerte una pregunta importante: ¿qué cosas no son opcionales en tu familia? Para la mayoría, cosas como ir a la escuela o al dentista no son opcionales. Participar en actividades como el fútbol o la danza tampoco lo es. Pero ¿qué pasa con la iglesia? ¿Es algo que se pregunta cada fin de semana? («¿Vamos a ir a la iglesia esta vez?»). En nuestra familia, nunca se pregunta si vamos a ir a la iglesia porque somos seguidores de Jesús, y eso es lo que hacemos. La iglesia es una parte esencial de nuestras vidas, no es una opción. Cuando tus hijos empiezan a servir en la iglesia, se sentirán más conectados y esta se convertirá en «su» iglesia, no solo en la de sus padres. De hecho, puede que prefieran ir a la iglesia antes que a unas vacaciones, porque sienten una conexión profunda con ella. Ahí es cuando se pueden poner molestos. Eso es lo que pasó una vez, cuando les propuse salir de viaje. Me dijeron: "No podemos perdernos nada de «la congre»" (así le llamamos a la iglesia). Teniendo ellos esa pasión, el problema hubiera surgido si nuestra respuesta hubiese sido: "Sí, puedes faltar. Vamos a la playa. No vamos a ser espirituales este fin de semana". Allí es donde las cosas empiezan a ir mal.

Si a menudo priorizas otras cosas por sobre la iglesia, como partidos, viajes o simplemente descansar, o si faltas por cómo está el clima, estarás enviando un mensaje claro a tu familia sobre lo que realmente valoras. Si te das cuenta de que te has convertido en una familia cristiana cultural, es hora de centrarse en Jesús. Dile: "Jesús, quiero que seas el primero". Comienza poniendo a Jesús en primer lugar, leyendo la Biblia, orando a diario, y pidiendo disculpas a tus hijos, si es necesario, por no haber priorizado a Dios como deberías. Reconocer tus errores fortalecerá tu relación con ellos. No podemos forzar a nuestros hijos a amar a Dios, pero podemos exponerlos a personas y experiencias que aumenten la probabilidad de que se conecten con él. Nuestra tarea es transferir su dependencia de nosotros hacia Dios, especialmente a medida que crecen. Queremos que conozcan y dependan de Dios, porque un día ya no estaremos para guiarlos. Al hacerlo, les damos la oportunidad de establecer una conexión profunda y duradera con Dios. Así, los expones a la alegría de conocerlo personalmente, y los expones a la familia de Dios que puede apoyarlos para siempre. Porque no podemos obligar a nuestros hijos a amar a Dios, pero podemos exponerlos a las personas y experiencias que aumenten la probabilidad de que lo conozcan y lo sirvan.

Si tienes una familia cristiana cultural y no una familia centrada en Jesús, es una muy buena oportunidad para hablar con Dios y poner las cosas en orden. Sean una familia centrada en Jesús.

CAPÍTULO 12:

BUENAS INTENCIONES, MALOS REGALOS

"ASÍ QUE SI USTEDES, GENTE PECADORA, SABEN DAR BUENOS REGALOS A SUS HIJOS, CUÁNTO MÁS SU PADRE CELESTIAL DARÁ BUENOS REGALOS A QUIENES LE PIDAN."
MATEO 7:11

Todos queremos dar lo mejor a nuestros hijos. Tenemos muy buenas intenciones, pero en ocasiones nos cansamos. En la cultura actual, es cada vez más difícil tratar de hacer lo correcto, incluso en las cosas más pequeñas. Por ejemplo, cuando tienes varios hijos, es sorprendente cómo bajas tus estándares con el tiempo. Como cuando tuvimos nuestra primera hija y le dimos un chupete; si el chupete caía al suelo, lo hervíamos y lo esterilizábamos antes de dárselo de nuevo. Luego, llegó Rodri. Ahora, si el chupete se caía, simplemente lo levantábamos y se lo poníamos en la boca así nada más, no porque lo amáramos menos sino por cansancio.

Nos encanta dar lo mejor a nuestros hijos, porque realmente queremos que sean felices. Así que los ponemos en las mejores escuelas, les compramos los zapatos y jeans de moda y les conseguimos el teléfono más moderno. Pero ¿qué pasa si lo que les damos en realidad les hace daño? A menudo, y con nuestras mejores intenciones, queremos tratar de ayudarlos a ser felices. Cuando se trata de nuestros hijos, debemos preocuparnos menos por la felicidad de hoy y más por la preparación del mañana. Necesitamos prepararlos para ser fieles a Dios en un mundo complicado; la felicidad será un subproducto de ese estilo de vida. Les daré tres ejemplos diferentes de cuando nuestras dádivas los perjudican.

NECESITAMOS PREPARARLOS PARA SER FIELES A DIOS EN UN MUNDO COMPLICADO; LA FELICIDAD SERÁ UN SUBPRODUCTO DE ESE ESTILO DE VIDA.

1. LES DAMOS COSAS QUE NO SE HAN GANADO

Desde el principio, muchos padres enfrentan un desafío común: ceder ante las rabietas o berrinches de sus hijos en público, como en un supermercado, donde todos parecen juzgar nuestra crianza. ¿Alguna vez te ha pasado? El niño quiere un juguete o un chocolate, y, para evitar la vergüenza o simplemente buscando paz, terminamos cediendo y dándoselo. Sin darnos cuenta, empezamos a reforzar la mentalidad de «merecerlo todo». La sociedad también alimenta esta idea, por ejemplo, con los premios por participar en algún programa de TV. Y aunque eso pueda parecer inofensivo, creo firmemente que entregar trofeos a una persona solo por presentarse fomenta una mentalidad egocéntrica y narcisista. No deberíamos recompensar a alguien simplemente por estar allí, porque esto establece una expectativa errónea en la vida. Hoy vemos a muchos jóvenes frustrados, creyendo que merecen todo sin esfuerzo, incapaces de iniciar relaciones saludables, o esperando trabajos donde no tengan que hacer nada y aun así ganar millones. Esta es la consecuencia de una crianza que inculca la mentalidad de «merecer» en lugar de la gratitud.

Como padres, es crucial que reconozcamos el valor de enseñar a nuestros hijos a ganarse las cosas. Por ejemplo, si quieren jugar videojuegos, deben completar primero sus tareas y responsabilidades. Si desean un coche a los 16 años, pueden tenerlo, pero podrían necesitar ahorrar algo de dinero, y si es posible, nosotros podríamos ayudarlos con el resto. Lo mismo aplica para los teléfonos.

Conozco a un padre que aplicaba una estrategia brillante con sus hijos. Les decía: «¿Quieres un teléfono nuevo? Puedes tomar prestado mi teléfono». Y el niño decía: «No, es mi teléfono». Y el papá decía: «¿Pagaste tú por el teléfono? Entonces, es mi teléfono. Por lo tanto, si quiero mi teléfono de vuelta antes de que te vayas a dormir, puedo recuperarlo, porque este no es tu teléfono. Si quieres comprar tu propio teléfono, entonces ahorra, que yo te apoyo". Recuerda que la Biblia enseña que los hijos son nuestra herencia y nuestras flechas. Y al igual que una flecha, que no puede elegir la dirección en la que saldrá disparada, los padres somos quienes guiamos a nuestros hijos. Es nuestra responsabilidad como padres no crear una mentalidad de «merecer», sino de agradecimiento. Enseñarles a valorar lo que tienen y a trabajar por lo que desean les proporcionará una base sólida para enfrentar la vida con humildad y gratitud.

2. LES DAMOS ELOGIOS QUE NO MERECEN

Amamos tanto a nuestros hijos que queremos construir su autoestima de la mejor manera posible. Así que les decimos: «Eres el niño más inteligente del mundo» o «Eres la niña más bonita» o «Eres el mejor de los mejores». Pero el problema está en que, aunque para nosotros puedan ser los más especiales, la realidad es que no son objetivamente los más inteligentes, los más bonitos o los mejores. Y estudios demuestran que el exceso de elogios puede perjudicar a nuestros hijos. El desafío surge cuando los elogios son excesivos y subjetivos, ya que pueden robarles la verdadera confianza. De hecho, el exceso de elogios puede generar ansiedad. Es algo que experimenté personalmente cuando crecí. Me decían que era especial y el más inteligente, y eso me llevó a pensar que para ser amado debía ser el más inteligente. Sin embargo, cuando me comparaba con otros, no me sentía así, lo que me generaba una gran tensión interna y ansiedad.

A menudo, sin quererlo, hacemos lo mismo con nuestros hijos. Al llenarlos de elogios sin fundamento, les privamos de la oportunidad de confiar en lo que Dios ha puesto en ellos. Por eso es mejor elogiar el proceso en lugar de a la persona. Es más efectivo reconocer y valorar los esfuerzos y acciones que honran a Dios que simplemente decirles que son los mejores o los más especiales. No quiero decir que no debas elogiar y afirmar a tus hijos, sino que estos elogios deben ser objetivos y equilibrados. Por ejemplo, en lugar de decir: «Eres el niño más inteligente porque sacaste un diez», podrías decir: «Estoy muy orgulloso de ti por el esfuerzo que pusiste en esa tarea. Has honrado a Dios al dar lo mejor de ti y obtener un diez». O en lugar de decir: «Eres el mejor», podrías decir: «Eres fiel y tienes una excelente ética de trabajo». Algunos podrían pensar que esto suena como una especie de «justicia por obras». Pero no se trata de eso. Amamos a nuestros hijos por lo que son, pero cuando los elogiamos deberíamos enfocarnos en lo que están haciendo y que honra a Dios, es decir, en sus procesos. Esto marca una gran diferencia. No queremos darles elogios vacíos o no merecidos, porque eso puede hacer más daño que bien. Te animo a que elogies a tus hijos, pero que esos elogios se centren en sus esfuerzos y procesos, no en una visión exagerada de su persona.

3. LES DAMOS LIBERTADES QUE NO PUEDEN MANEJAR

Es sorprendente cómo a veces podemos ser excesivamente protectores en ciertos aspectos y, al mismo tiempo, ingenuamente despreocupados en otros, ¿verdad? Por ejemplo, le decimos a nuestro hijo de 12 años que no puede cruzar la calle solo porque queremos protegerlo. Pero luego, de manera ingenua, le damos acceso completo a un teléfono celular. Le entregamos a un adolescente este dispositivo y, básicamente, le decimos: «Buena suerte. Espero que no te vuelvas adicto a la pornografía. Espero que nadie te envíe contenido sexual en redes sociales. Espero que no te enfrentes al miedo de perderte algo, ni a sentimientos de aislamiento, depresión y ansiedad, mientras te deslizas sin pensar por TikTok». Les damos demasiada libertad en áreas para las que realmente no están preparados.

Entonces, ¿qué hacemos? Nuestro objetivo como padres debe ser que nuestros hijos dependan cada vez menos de nosotros y cada vez más de Dios. Cuando son bebés, dependen de nosotros para todo. Pero a medida que crecen, nuestra meta es transferir gradualmente esa dependencia hacia Dios. Queremos que aprendan a confiar en él, menos en nosotros y más en su fe.

Es fundamental ayudar a nuestros hijos a desarrollar su criterio para tomar decisiones. Y luego, a medida que demuestran ser más confiables y responsables, les damos más libertad, porque han demostrado estar preparados para ello. El problema es que la cultura actual nos lleva a ser padres sin mucha reflexión. Creamos un sentido de derecho al darles cosas que no han ganado, fomentamos inseguridad al darles elogios inmerecidos, y atrapamos a nuestros hijos en un ciclo de pecado al otorgarles libertades que no están listos para manejar. Entonces, ¿qué hacemos? Si queremos que nuestros hijos realmente amen a Dios y sigan su camino, debemos darles los regalos adecuados para convertirse en seguidores de Cristo comprometidos.

CAPÍTULO 13:

LOS MEJORES REGALOS QUE LES PODEMOS DAR A NUESTROS HIJOS

"¡ESCUCHA, ISRAEL! EL SEÑOR ES NUESTRO DIOS, SOLAMENTE EL SEÑOR". DEUTERONOMIO 6:4

Como padres, ¿qué cosa debemos animar a nuestros hijos a hacer respecto a Dios? "Ámalo con toda tu capacidad mental, con todo lo que eres y con todo lo que vales. Debes pensar constantemente en estos mandamientos que te doy en este día", dice la Escritura. "Debes enseñarlos a tus hijos y hablar de ellos cuando estás en casa o cuando caminas con ellos; al acostarte y al levantarte. Átalos en tu mano y llévalos en la frente, escríbelos en la puerta de tu casa y en los portones de tu ciudad" (Deuteronomio 6:5-9). Para lograrlo, hay tres regalos que podemos darles a nuestros hijos de acuerdo con la Palabra de Dios:

1. VAMOS A DARLES UNA COMUNIDAD A LA QUE VALGA LA PENA PERTENECER

Como padres y como iglesia, queremos dar a la generación emergente las mejores cosas, y todos hacemos esto juntos, no solo mamá y papá. Esto es lo que hacemos como cuerpo de Cristo: les damos una comunidad a la que valga la pena pertenecer. Deuteronomio 6:4 dice: "¡Escucha, Israel! El Señor es nuestro Dios, solamente el Señor «. La estructura de la familia en el Antiguo Testamento era muy diferente a la de hoy en día. Para un judío del Antiguo Testamento, la familia no se limitaba solo a los padres y los hijos inmediatos. La comunidad familiar incluía a padres, hijos, cónyuges, nietos, primos, sobrinos e incluso a los trabajadores del negocio familiar. Esta comunidad podía consistir de hasta ochenta personas, creando así un entorno sólido y valioso.

Si alguien nos preguntara a mí o a Lety qué hicimos como padres para preparar a nuestros hijos para lograr un éxito espiritual duradero, ambos responderíamos que nos enfocamos en ayudarlos a construir y a formar parte de una comunidad intencional centrada en Cristo. Si hubo algo que hicimos por sobre todo lo demás, y que ayudó a nuestros hijos a prosperar espiritualmente, fue el guiarlos para que se involucraran profundamente en una comunidad cristiana de amigos con una mentalidad similar. Esto era tan importante para nosotros, que incluso al elegir a nuestros amigos lo hacíamos basándonos en los valores que compartían como familia; no solo en quién nos caía bien, sino en quién queríamos que influyera en nuestros hijos. Es increíblemente importante a quién y a qué exponemos a nuestros hijos, ya que esto moldea sus creencias y actitudes. Muchos padres simplemente envían a sus hijos a la escuela con la esperanza de que todo salga bien, pero una de las mejores cosas que podemos hacer es ayudarlos a encontrar, construir y ser parte de una comunidad centrada en Cristo. Sabemos lo vital que es esto porque, cuando éramos jóvenes, rara vez hacíamos algo nosotros solos, fuera bueno o malo. Si hicimos algo bueno, probablemente fue con un buen amigo. Si hicimos algo tonto, probablemente fue con un amigo que no tenía las mejores influencias. Todos hemos tenido amigos que no eran la mejor compañía. Recuerdo que, en la preparatoria y parte de la universidad, me junté con las personas equivocadas y, lamentablemente, me convertí en una mala influencia para otros. ¿Qué hice con estos amigos?

LOS MEJORES REGALOS QUE LES PODEMOS DAR A NUESTROS HIJOS

Mejor dicho, ¿qué no hice? No traté a las chicas con integridad, ni amé a Dios con todo mi corazón, ni tuve una mentalidad generosa y centrada en el reino de Dios. En cambio, conduje ebrio, me metí en peleas sin sentido y casi fui arrestado, todo porque estaba con las personas equivocadas. Esta experiencia me enseñó una verdad espiritual fundamental: la compañía que elegimos tiene un impacto profundo en nuestra vida y en nuestra relación con Dios.

"Camina con sabios y te harás sabio; júntate con necios y te meterás en dificultades". Proverbios 13:20

¿Qué sucede cuando te rodeas de personas sabias? Te vuelves sabio. Pero si te asocias con personas insensatas, ¿qué pasa? Te metes en problemas. Puede que pienses: «Pero soy solo una mamá o un papá, no tengo control sobre con quién se hacen amigos mis hijos. No puedo hacer nada al respecto». Es cierto que tus hijos tienen mucha libertad, pero recuerda que aunque no puedes elegir a sus amigos, puedes influir en los entornos en los que se desarrollan. Especialmente en los primeros años, tienes una gran capacidad para decidir a dónde van y qué tipo de personas los rodean. Padres, si realmente desean que sus hijos estén espiritualmente fundamentados, deben aprovechar cada oportunidad para colocarlos en entornos que refuercen su fe. Por ejemplo, la mayoría de las iglesias tienen ministerios de niños y jóvenes. ¡Llévalos allí! Ahí puedes influir en sus amistades, asegurándote de que estén rodeados de otros jóvenes que compartan valores y creencias similares. Durante el verano, también tienes cierta influencia. Si puedes, envíalos a un campamento cristiano o considera un viaje misionero para que experimenten el servicio a los demás. Incluso podrías sugerir a tu hijo que haga una pasantía en la iglesia. Un ejemplo en mi vida fue cuando mi hijo, un apasionado y excelente jugador de fútbol, se encontró en un equipo competitivo de nivel superior a su edad. Muchos compañeros estaban yendo por un mal camino. Como padre, tuve que tomar una decisión difícil: lo retiré del equipo, a pesar de que él amaba el fútbol y era talentoso. No fue fácil, pero prefiero que mi hijo sea excelente honrando a Dios antes que ser excelente en el fútbol. En algún momento, si no tomas decisiones difíciles, podrías preguntarte, años después, cómo habrían sido las cosas si lo hubieras hecho distinto. Con quiénes se asocian nuestros hijos tiene un impacto enorme en quiénes se convertirán. Queremos trabajar arduamente para darles una comunidad espiritual que valga la pena. Como dice Eclesiastés, «dos son mejor que uno». Dos personas que defienden a Jesús son más fuertes que una sola. Si uno cae, el otro lo levanta. Si uno es vulnerable, el otro lo protege. Cuando tus hijos están en una comunidad espiritual, no se sienten solos en su fe. No es raro que no beban alcohol si otros a su alrededor tampoco lo hacen. No es extraño que guarden su virginidad para el matrimonio si tienen amigos que también lo hacen. No están sirviendo a Jesús solos, están en una comunidad, sirviendo a Jesús junto a otras personas. Y entonces, no es solo su fe lo que tienen, sino la fe de todas las personas que están a su alrededor. Y es por eso que queremos darles una comunidad espiritual en la que valga la pena estar.

2. UN ESTÁNDAR QUE VALGA LA PENA ALCANZAR

¿Cuál es nuestro objetivo cuando se trata de criar a nuestros hijos? Queremos que amen al Señor con todo su corazón, alma y fuerzas. No solo con una parte de su corazón, no solo cuando sea conveniente, no solo cuando nadie se burle de ellos o cuando estén en el grupo juvenil, sino con todo su corazón, todo el tiempo. ¿Cómo vamos a ayudarlos a lograr eso? No será bajando los estándares. En una familia judía del Antiguo Testamento, cuando un niño cumplía 12 años, ¿sabes qué debía hacer? Debía memorizar los primeros cinco libros de la Biblia: Génesis, Éxodo, Levítico, Números y Deuteronomio. ¡Sí, memorizaba los primeros cinco libros de la Biblia! Y tal vez pienses «No puedo hacer que mi hijo se haga la cama». Pero déjame recordarte: si no esperas mucho de tus hijos, no obtendrás mucho. Si consideras aceptable que no alcancen siquiera un estándar básico, no lo alcanzarán. Pero si crees que son capaces de más, es probable que ellos también lo crean.

Si crees que podrían memorizar un libro de la Biblia, es posible que no solo hagan su cama, sino que también crezcan espiritualmente. Entonces, ¿cómo vamos a ayudarles a amar al Señor su Dios con todo su corazón, mente, alma y fuerzas? Probablemente no sucederá si solo pasan tiempo viendo videos en TikTok. Necesitamos elevar el estándar y decir: «En nuestra familia, somos personas de la Palabra». Podemos comenzar haciendo un plan de lectura de la Biblia juntos como familia, como los disponibles en YouVersion u otras aplicaciones. Y una vez que lo hagan en familia, podrían comenzar a hacerlo con sus amigos. Rodri y Vale, por ejemplo, tienen varios grupos de amigos con los que están creciendo

LOS MEJORES REGALOS QUE LES PODEMOS DAR A NUESTROS HIJOS

en la Palabra de Dios. Luego, podrías decir: «En realidad, leemos y practicamos la Palabra de Dios». Necesitamos guardar su Palabra en nuestros corazones para no pecar contra él. Porque cuando conocemos su Palabra, nos volvemos más fuertes en Cristo, y cuanto más fuertes estemos en Cristo, más débiles serán los ataques del maligno contra nosotros, protegidos con nuestra armadura espiritual.

Vamos a elevar el estándar. Mi padre era un cristiano comprometido y solía decirme: «Rodrigo, sirve al Señor». Ese es un buen estándar, pero podríamos elevarlo aún más. En lugar de decir simplemente «sirve al Señor», podríamos decir: «Sirve al Señor voluntariamente y no por obligación». En lugar de escuchar cualquier música popular que lleve tu mente a un lugar poco saludable, elevemos el estándar reemplazándola con música de adoración que nos ayude a conectarnos con Dios. En lugar de ir a la iglesia solo de vez en cuando, ayudemos a nuestros hijos a participar sirviendo cada semana. Esto requerirá un esfuerzo adicional como padres, porque si tu hijo está sirviendo, entonces tú también necesitas estar presente. Tal vez pienses: «¿Vamos a ir más de una vez al mes?» Y la respuesta es sí, si deseas ser un seguidor completamente devoto de Cristo, probablemente necesites estar en la casa de Dios más de una vez al mes. Estamos elevando el estándar. Nuestro objetivo no es simplemente criar al mejor jugador, sino a un hijo de Dios comprometido y fuerte. No queremos que nuestros hijos encajen; queremos que se destaquen por su fe en Jesús. ¿Cómo lo lograrán? No lo harán solos. Necesitan una comunidad, una comunidad espiritual sólida. Necesitamos elevar el estándar y hacerles saber que son capaces de más. No te conviertes en un cristiano fuerte o en un ministro cuando cumples 21 años. Puedes tener 8 años y ser un cristiano fuerte.

NO QUEREMOS QUE NUESTROS HIJOS ENCAJEN; QUEREMOS QUE SE DESTAQUEN POR SU FE EN JESÚS

3. UNA FE QUE VALGA LA PENA COMPARTIR

Cuando se trata de la verdad de Dios, ¿qué hacemos? Como padres, debemos tenerla profundamente arraigada en nosotros. Todo comienza con nosotros. Luego, transmitimos esta verdad a nuestros hijos, haciendo que las conversaciones sobre Dios, la fe y los aspectos espirituales sean parte integral y cotidiana de nuestras vidas. No se trata solo de ponerse la «cara de Dios» los domingos. Es algo que debe estar presente en cada momento: cuando nos despertamos, durante el almuerzo de un sábado, en la cena, y mientras vamos a las clases de baile. Queremos que nuestros hijos tengan una fe de primera mano, no una fe prestada o superficial.

Es crucial que nuestra fe sea sólida, porque si no lo es, nuestros hijos lo notarán. Si hay algo que esta generación detesta es la falsedad. Tienen un sentido agudo para detectar la hipocresía. Si tu fe no es auténtica, lo percibirán. Y es por eso que no queremos ser solo una «familia cristiana cultural» en la que nos identificamos como cristianos simplemente porque creemos en Dios. Queremos ser una familia centrada en Cristo. Porque Jesús no es solo una parte de nuestras vidas; él es el centro de nuestras vidas. No es alguien a quien invocamos solo en momentos de necesidad o crisis; es la fuerza impulsora de todo lo que somos.

Por lo que él es y lo que ha hecho, me siento llamado por Dios a impartir un legado espiritual a mis hijos y a las futuras generaciones. Quiero que mis hijos sepan quiénes son en Cristo. De modo que cuando el diablo les diga que no lo son, puedan responder con confianza: «A través de Cristo, puedo y lo soy». Cuando la tentación intente alejarlos, quiero que tengan la fortaleza para decir: «No, no, no. Estoy revestido con la armadura de Dios: el casco de la salvación, la coraza de justicia, el escudo de la fe, el cinturón de la verdad, la espada del Espíritu, que es la Palabra de Dios. Mis pies están firmemente plantados en la paz del evangelio». Quiero dar a mi familia estos dones, y sé que no sucederá por accidente. Tenemos que trabajar en ello. Puede llevar tiempo y no será perfecto, pero lo importante es intentarlo. Queremos ofrecerles una comunidad espiritual sólida, elevar el estándar y darles una fe digna de compartir.

Mi familia está lejos de ser perfecta. Hemos pasado por momentos difíciles y dolorosos, donde Lety y yo nos hemos equivocado como padres.

A veces pensamos que todo está bien, y en un abrir y cerrar de ojos, nos cuestionamos si realmente lo está. Hubo una ocasión en particular donde pasamos por una situación muy dura como familia, con peleas, gritos y corazones heridos. Me sentí como el peor papá del mundo. Al reflexionar sobre ello, mi hijo Rodri me dijo: «Papá, solo quiero agradecerles. Tú y mamá son unos padres geniales». Yo le respondí: «No, no lo somos». Pero él insistió: «Sí, son unos padres geniales. Nos trajeron de vuelta, nos recordaron quiénes somos, y al día siguiente todos estábamos llorando, orando, pidiendo perdón y buscando a Dios juntos». Y dijo: "¿No es asombroso cómo Dios obra a través de las familias? Todas las familias pelean, pero las familias centradas en Cristo luchan a través de ello". Me sorprendió, porque no me había dado cuenta de lo que estaba sucediendo.

Si te encuentras en un momento bajo en tu crianza de los hijos, o sientes que has fallado, la buena noticia es que no hay condenación para los que están en Cristo Jesús. Puedes comenzar de nuevo hoy, con la ayuda del Espíritu Santo. No siempre lo harás bien, y no siempre será perfecto, pero en el proceso de ser perfeccionados y cambiados, podemos señalar hacia Jesús. A veces, los momentos más poderosos no ocurren cuando todo va bien, sino cuando cometemos errores, nos disculpamos y experimentamos el perdón. Eso es el núcleo del evangelio: un Dios que ama a personas imperfectas. No podemos hacerlo todo a la perfección, pero podemos entregarnos completamente a Jesús.

Entonces, ¿qué haremos? Vamos a elevar el estándar. Vamos a amar al Señor nuestro Dios con todo nuestro corazón, mente, alma y fuerzas. Y con la ayuda de Dios, junto con tu apoyo y el de la iglesia, vamos a ofrecer a la próxima generación, a nuestros hijos, una comunidad en la que valga la pena estar, un estándar que valga la pena alcanzar y una fe que valga la pena compartir. Necesitamos que seas parte de esto, así que hagámoslo juntos.

ORACIÓN

Dios, te pedimos que tu Espíritu Santo haga en las familias lo que solo tú puedes hacer. Ayúdanos a estar centrados en tu Hijo, Jesús. Quiero que la forma en que vivo esté centrada en Cristo. Jesús, te honramos, te ponemos primero. Dios, ayúdanos a hacer lo que Jesús dijo en el evangelio de Mateo: buscar primero tu Reino y tu justicia. Y luego, te agradecemos

LO QUE TUS HIJOS DEBEN SABER CUÁNTO ANTES

que nos añadas todo. Dios, ayúdanos, necesitamos tu ayuda. No somos buenos en esto, no podemos hacerlo por nuestra cuenta. Ayúdanos. Danos sabiduría como padres, danos tu gracia. Da tu sabiduría y gracia a nuestros hijos. Y Dios, ayúdanos a ver que somos parte de tu cuerpo. Nos estamos discipulando los unos a los otros. Ayúdanos a ponerte primero en todo lo que hagamos. En el nombre de tu Hijo Jesús, amén.

w

CAPÍTULO 14:

CRIANZA CON PROPÓSITO

"SUS PREDICACIONES HARÁN VOLVER EL CORAZÓN DE LOS PADRES HACIA SUS HIJOS Y EL CORAZÓN DE LOS HIJOS HACIA SUS PADRES. DE LO CONTRARIO, VENDRÉ Y HARÉ CAER UNA MALDICIÓN SOBRE LA TIERRA".
MALAQUÍAS 4:6

Nuestros pequeños Rodri y Vale ya están extendiendo sus alas y están empezando a volar por su cuenta en su camino como jóvenes y adultos. Como padres, no hay nada que nos llene más el corazón que ver a nuestros hijos convertirse en adultos felices, llenos de propósito, responsables y llenos de amor por Dios y los demás. Pero, seamos honestos, también nos duele en lo más profundo verlos luchar con problemas como el rechazo, la depresión, la falta de visión, las inseguridades, los complejos o la rebeldía. Para llegar a este momento, tuvimos que pasar un largo camino de crianza.

Todos queremos lo mejor para nuestros hijos. Sabemos que los amamos, pero ¡tal vez no amamos el proceso de criarlos! Hay que tomar ánimo. Dios tiene un gran propósito para nuestros hijos y hay que ser diligentes en su proceso de desarrollo. Como dice el dicho: *Si no sabes a dónde*

PARA INSTRUIR A NUESTROS HIJOS TENEMOS QUE PRIMERAMENTE SER INSTRUIDOS NOSOTROS MISMOS.

vas, ya llegaste. Ser padre es como aprender a andar en bicicleta sin rueditas... ¡y sin manual de instrucciones! Pero no se desanimen, porque tengo buenas noticias: Dios sí nos dio un manual, y se llama la Biblia. En ella encontramos verdaderos tesoros para criar a nuestros hijos. Me gusta pensar en la crianza bíblica como una «crianza con propósito». Antes de poder guiar a nuestros hijos, necesitamos mirar hacia adentro. Para instruir a nuestros hijos tenemos que primeramente ser instruidos nosotros mismos.

Debemos estar unidos en cuanto a cómo educar a nuestros hijos, o aparecerán grietas en nuestro matrimonio y desorden en el hogar. Es crucial que tomemos decisiones en unidad. Los niños son pequeños detectives que saben identificar quién es el «blando» para conseguir lo que quieren. Pónganse de acuerdo como pareja, hagan un plan y llévenlo a cabo como un equipo invencible.

"Los hijos son un regalo del Señor; son una recompensa de su parte. Los hijos que le nacen a un hombre joven son como flechas en manos de un guerrero.". Salmos 127:3-4

Juntos debemos enseñar antes de corregir. La clave está en darles instrucciones claras primero y luego corregirlos si no las siguen. Lo mismo pasa con las libertades y los límites: hay que encontrar el equilibrio justo para cada etapa de su desarrollo. Imaginemos que ustedes son arqueros y sus hijos flechas. Para que lleguen al blanco, necesitamos saber hacia dónde apuntar, considerando los dones únicos de cada hijo y buscando la guía de Dios. Hay que tener por lo menos alguna pista del propósito de nuestros hijos. Tenemos que examinar nuestro corazón, cuidando que no sea un deseo frustrado que deseamos vivir a través de ellos. Recordemos que nuestros hijos le pertenecen a Dios, no a nosotros. Tenemos la increíble oportunidad de guiarlos por un tiempo, dirigiendo su corazón hacia su Padre celestial. ¡Aprovechemos cada momento!

¡No olvides tu matrimonio! Cuando una pareja joven tiene hijos, se suele decir que «ya tiene familia». Pero la verdad es que somos una familia desde que nos casamos. Los niños se unen a esa familia, no la crean. En

CRIANZA CON PROPÓSITO

las decisiones se debe considerar a todos: ¡los niños llegan a ser parte de la familia, pero no son el centro de la familia! El centro es Jesús, y después el matrimonio. Recuerden, los hijos estarán en casa por un tiempo, y después formarán sus propias familias. Pero tu matrimonio es para toda la vida.

CAPÍTULO 15:

ETAPA DE CORRECCIÓN

"JESÚS CRECÍA EN SABIDURÍA Y EN ESTATURA, Y EN EL FAVOR DE DIOS Y DE TODA LA GENTE.". LUCAS 2:52

La etapa de corrección abarca aproximadamente los primeros cinco años de vida. Aquí se desarrolla el autocontrol y la obediencia en nuestros hijos, pero también es donde se producen las heridas de la infancia. En esta etapa debemos establecer límites claros y disciplinar con amor, todo ello enmarcado en una perspectiva que integre los dones del Espíritu, los frutos del Espíritu y las bienaventuranzas.

1. EL PROPÓSITO DE LA ETAPA DE CORRECCIÓN

La etapa de corrección es fundamental en el desarrollo de nuestros hijos. Durante esos años, se comienza a definir su identidad y personalidad. Nuestra responsabilidad es guiarlos con sabiduría y amor. El propósito principal de esta etapa es desarrollar el autocontrol y la obediencia en nuestros pequeños. Es aquí donde se forman los cimientos del carácter de nuestros hijos. Las lecciones que aprenden ahora tendrán un impacto duradero en su vida futura.

SI FORMAMOS BIEN A NUESTROS HIJOS EN ESTA ETAPA, ESTARÁN MEJOR PREPARADOS PARA ENFRENTAR LOS DESAFÍOS DE LA VIDA.

Imagina que estás construyendo una casa; la etapa de corrección es donde pones los cimientos. Una casa con cimientos sólidos podrá resistir tormentas y el paso del tiempo. De la misma manera, si formamos bien a nuestros hijos en esta etapa, estarán mejor preparados para enfrentar los desafíos de la vida.

2. DESARROLLANDO EL AUTOCONTROL

El autocontrol requiere práctica. En esta etapa, lo apropiado es seguir de cerca las actividades de nuestros hijos, dándoles opciones limitadas y sin largas explicaciones.

ESTRATEGIAS PRÁCTICAS:

a. Ofrecer opciones limitadas: en lugar de preguntar qué quieren de comer, ofréceles dos opciones: «¿quieres brócoli o zanahorias con tu comida?» Esto les dará un sentido de control mientras mantienes tu autoridad.

b. Establecer rutinas: Las rutinas ayudan a los niños a saber qué esperar y les dan una sensación de seguridad. Por ejemplo, una rutina para ir a la cama podría ser: baño, pijama, cuento, oración, dormir.

c. Modelar el autocontrol: los niños aprenden observando. Muéstrales cómo manejas tus propias emociones y deseos.

d. Elogiar los esfuerzos de autocontrol: cuando tu hijo logre controlarse en una situación difícil, reconóceselo. Di cosas como: «Me gusta cómo esperaste tu turno aun cuando estabas ansioso».

Piensa: ¿en qué áreas permites que tu hijo tome decisiones? ¿Hay áreas donde podrías ofrecer más opciones o limitar las existentes? Puede parecer inofensivo dejar que siempre elijan el color de su vaso o su ropa, pero ojo, esto puede llevarlos a pensar que el mundo gira a su alrededor.

No siempre podemos tener todo lo que queremos cuando lo queremos, y esa es una lección valiosa. La mejor manera para aprender el autocontrol es no recibir siempre todo lo que queremos en el momento en que lo queremos. Considera cómo puedes proporcionar oportunidades de enseñanza del autocontrol a tus hijos, para desarrollar en ellos esta importante habilidad.

3. FOMENTANDO LA OBEDIENCIA

La obediencia se construye sobre límites y expectativas claras. Estás poniendo las reglas de juego antes de empezar.

ESTRATEGIAS PRÁCTICAS:

a. Contacto visual: la mejor manera de asegurarnos de que entendieron es mirándolos a los ojos y pidiéndoles que nos repitan lo que les dijimos.

b. Comunicación clara: nada de gritar instrucciones desde la cocina esperando que alguien nos escuche. ¡Eso nunca funciona!

c. Consistencia: si decimos algo, hay que cumplirlo. Es como prometer llevarlos al parque: si no lo hacemos, la próxima vez no nos creerán. Si prometemos una consecuencia, debemos cumplirla. Esto construye confianza y respeto por la autoridad.

4. DISCIPLINA CON AMOR

La Biblia nos recuerda la importancia de la disciplina en Proverbios 29:15: "Disciplinar a un niño produce sabiduría, pero un hijo sin disciplina avergüenza a su madre". La disciplina es una parte esencial de la crianza, pero debe ser aplicada con amor y sabiduría. No es sinónimo de castigo severo, ni debe avergonzar al niño. Y mucho menos se debe ejecutar cuando estamos enojados.

a. Calma antes de disciplinar: ¡deja que se te baje el coraje antes de disciplinar a tus hijos! El propósito de la disciplina es para la mejora del niño; la consecuencia de la disciplina debe ayudar al niño, no calmar tu ira.

b. Amor después de la disciplina: algo sumamente importante es que después de disciplinarlo debes expresarle tu amor. Debe ser como un abrazo firme: con amor y aceptación.

c. Modelar el autocontrol: si estamos enojados, es mejor esperar a calmarnos antes de disciplinar. ¡No podemos enseñarles el autocontrol si nosotros mismos no lo tenemos!

d. Enseñanza, no castigo severo y sin propósito: la disciplina debe ser una herramienta para enseñar, no para desahogarnos de nuestra frustración.

Supongamos que tu hijo ha mentido sobre haber terminado su tarea. En lugar de reaccionar con enojo, podrías decir: «Entiendo que a veces es difícil decir la verdad cuando sabemos que hemos hecho algo mal. Pero la honestidad es muy importante en nuestra familia y a los ojos de Dios. Como consecuencia, tendrás que terminar tu tarea ahora y perderás treinta minutos de tu tiempo de juego. La próxima vez, recuerda que siempre es mejor decir la verdad, incluso cuando sea difícil".

5. SER CLAROS CON LOS LÍMITES

Ser claros con los límites es crucial. Es como enseñarles a nadar: «Puedes jugar en la parte baja de la piscina, pero no te metas en lo hondo». O en casa de la abuela: «Puedes mirar los adornos, pero no tocarlos».

ESTRATEGIAS PARA ESTABLECER LÍMITES CLAROS:

a. Sé específico: en lugar de decir «compórtate bien», di «habla en voz baja y camina, pero no corras».

b. Sé consistente: los límites deben ser los mismos cada día, y todos los cuidadores de nuestros hijos deben aplicarlos de la misma manera.

ETAPA DE CORRECCIÓN

c. Explica las razones: ayuda a los niños a entender por qué existen los límites. Esto fomenta en ellos la obediencia a largo plazo.

d. Ofrece opciones dentro de los límites; por ejemplo: «Puedes jugar con tus legos o colorear, pero no puedes salir de casa por la hora que es».

La meta es que obedezcan a la primera, no después de diez amenazas. Sé que no es fácil; a veces nos da pereza ser constantes. Pensamos que, como son niños, no es tan importante cumplir nuestra palabra, pero los niños se dan cuenta de eso. Luego no tomarán en serio nuestra autoridad. ¡Vale la pena el esfuerzo de ser constantes y cumplir nuestra palabra!

Crecer sin respeto por la autoridad los perjudicará en sus relaciones con la familia, la sociedad y con Dios. Así que, papás y mamás, ¡a ser disciplinados en disciplinar! Es por el bien de nuestros hijos.

6. LAS HERIDAS DE LA INFANCIA

Lo siguiente es una interpretación personal, y no una fuente doctrinal establecida, pero creo que puede aportar muchísimo a nuestro autodescubrimiento y, como consecuencia, a nuestra manera criar a nuestros hijos.

¿Qué es una herida de la infancia? Es una experiencia emocional profunda y duradera que se origina en los primeros años de vida (0-5 años). Generalmente son el resultado de interacciones repetidas o de eventos significativos en el entorno familiar o social del niño. Estas heridas no son necesaria o solamente el resultado de un trauma agudo o de un evento único, sino más bien resultado de patrones consistentes en la crianza, el ambiente familiar o las experiencias sociales tempranas.

CARACTERÍSTICAS CLAVE DE LAS HERIDAS DE INFANCIA:

a. Impacto duradero: estas heridas, si no se abordan, pueden afectar a la persona a lo largo de su vida adulta.

b. Influencia en el desarrollo: pueden moldear significativamente la personalidad, los patrones de comportamiento y las relaciones interpersonales del individuo.

c. Origen en necesidades no satisfechas: a menudo surgen cuando las necesidades emocionales básicas del niño (como seguridad, amor, validación) no se satisfacen adecuadamente.

d. Formación de creencias limitantes: pueden llevar al desarrollo de creencias negativas sobre uno mismo, los demás o el mundo en general.

e. Mecanismos de defensa: a menudo dan lugar a la creación de mecanismos de defensa que, aunque en su momento protegen al niño, puede que no se adapten cuando llega a la edad adulta.

f. Naturaleza subconsciente: muchas veces, estas heridas operan a nivel subconsciente, influyendo en el comportamiento y las emociones sin que la persona sea consciente de ello.

g. Potencial de sanidad: aunque profundas, estas heridas pueden ser sanadas a través del Espíritu Santo con su poder sobrenatural y su transformación de la mente. De igual manera, con ministraciones y trabajo personal en la sanidad interior y liberación.

h. Variabilidad individual: la forma en que estas heridas se manifiestan y su impacto puede variar significativamente de una persona a otra, dependiendo de factores como la resiliencia individual y otros factores protectores.

i. Contexto cultural: la naturaleza y el impacto de estas heridas pueden estar influenciados por el contexto cultural y social en el que crece el niño.

j. No deterministas: aunque influyentes, estas heridas no determinan completamente el destino de una persona. Con conciencia y trabajo, es posible superar su influencia negativa.

Entender el concepto de las heridas de la infancia puede ser fundamental para el crecimiento personal y para mejorar las prácticas de crianza. Nos permite reconocer y abordar patrones problemáticos y evitar perpetuarlos en la siguiente generación.

ETAPA DE CORRECCIÓN

Imagina que llevamos una mochila invisible. En ella guardamos experiencias de nuestra infancia que han dejado una huella profunda en nuestro ser. Quiero enfocarme en nueve «heridas» distintas, cada una tan única como quien la porta. ¿Por qué nueve? Porque en la Escritura veo un patrón: nueve bienaventuranzas, nueve dones del Espíritu Santo y nueve frutos del Espíritu Santo.

Las bienaventuranzas son parte del sermón más importante de Jesús en su ministerio, el Sermón del Monte:

- "Cierto día, al ver que las multitudes se reunían, Jesús subió a la ladera de la montaña y se sentó. Sus discípulos se juntaron a su alrededor, y él comenzó a enseñarles.

- «Dios bendice a los que son pobres en espíritu y se dan cuenta de la necesidad que tienen de él, porque el reino del cielo les pertenece.

- Dios bendice a los que lloran, porque serán consolados.

- Dios bendice a los que son humildes, porque heredarán toda la tierra.

- Dios bendice a los que tienen hambre y sed de justicia, porque serán saciados.

- Dios bendice a los compasivos, porque serán tratados con compasión.

- Dios bendice a los que tienen corazón puro, porque ellos verán a Dios.

- Dios bendice a los que procuran la paz, porque serán llamados hijos de Dios.

- Dios bendice a los que son perseguidos por hacer lo correcto, porque el reino del cielo les pertenece.

- Dios los bendice a ustedes cuando la gente les hace burla y los persigue y miente acerca de ustedes y dice toda clase de cosas malas en su contra porque son mis seguidores»". Mateo 5:1-11

1. Dios bendice a los que son pobres en espíritu y se dan cuenta de la necesidad que tienen de él, porque el reino del cielo les pertenece.

2. Dios bendice a los que lloran, porque serán consolados.

LO QUE TUS HIJOS DEBEN SABER CUÁNTO ANTES

3. Dios bendice a los que son humildes, porque heredarán toda la tierra.

4. Dios bendice a los que tienen hambre y sed de justicia, porque serán saciados.

5. Dios bendice a los compasivos, porque serán tratados con compasión.

6. Dios bendice a los que tienen corazón puro, porque ellos verán a Dios.

7. Dios bendice a los que procuran la paz, porque serán llamados hijos de Dios.

8. Dios bendice a los que son perseguidos por hacer lo correcto, porque el reino del cielo les pertenece

9. Dios los bendice a ustedes cuando la gente les hace burla y los persigue y miente acerca de ustedes y dice toda clase de cosas malas en su contra porque son mis seguidores.

"A cada uno de nosotros se nos da un don espiritual para que nos ayudemos mutuamente. A uno el Espíritu le da la capacidad de dar consejos sabios; a otro el mismo Espíritu le da un mensaje de conocimiento especial. A otro el mismo Espíritu le da gran fe y a alguien más ese único Espíritu le da el don de sanidad. A uno le da el poder para hacer milagros y a otro, la capacidad de profetizar. A alguien más le da la capacidad de discernir si un mensaje es del Espíritu de Dios o de otro espíritu. Todavía a otro se le da la capacidad de hablar en idiomas desconocidos, mientras que a otro se le da la capacidad de interpretar lo que se está diciendo. Es el mismo y único Espíritu quien distribuye todos esos dones. Solamente él decide qué don cada uno debe tener.". 1 Corintios 12:7-11

1. Don de palabra de sabiduría o de impartir consejos sabios

2. Don de palabra de conocimiento o de mucho conocimiento

3. Don de fe o de una fe extraordinaria

4. Don de sanidad o poder para sanar enfermos

5. Don de milagros o poder para realizar milagros

6. Don de profecía o de profetizar

ETAPA DE CORRECCIÓN

7. Don de discernimiento de espíritus o poder para discernir entre un espíritu malo y el Espíritu de Dios

8. Don de lenguas o poder para hablar en diversas lenguas

9. Don de interpretación de lenguas o poder para interpretar las lenguas

En Gálatas tenemos el fruto del Espíritu:

"En cambio, la clase de fruto que el Espíritu Santo produce en nuestra vida es: amor, alegría, paz, paciencia, gentileza, bondad, fidelidad, humildad y control propio. ¡No existen leyes contra esas cosas!". Gálatas 5:22-23

1. Amor

2. Gozo o alegría

3. Paz

4. Paciencia

5. Benignidad o gentileza

6. Bondad

7. Fe o fidelidad

8. Humildad o mansedumbre

9. Dominio propio o templanza

Ahora veamos las heridas de infancia:

1. **La ira reprimida**

2. **El amor no correspondido**

3. **El rechazo al yo auténtico**

4. **El abandono emocional**

5. **El desapego**

6. **La falta de apoyo y seguridad**

7. **El dolor y la limitación**

8. **La traición y la injusticia**

9. **La separación y la pérdida**

Al leer sobre estas heridas, es posible que te identifiques con más de una o incluso con todas. Esto es normal, pero siempre hay una herida que tiende a ser la dominante. Lo mismo ocurre con las bienaventuranzas, los dones y los frutos del Espíritu. La idea central de la Biblia es que todos los tengamos y produzcamos. De manera similar, el enemigo busca herirnos de todas las formas posibles. Es importante entender la relación entre las bienaventuranzas, los dones, los frutos y las heridas, porque Dios siempre tiene un plan mejor que nuestro adversario.

No quiero que te sientas condenado o juzgado por los errores que hayas cometido en la crianza de tus hijos. Te aseguro que no importa cuán «perfecta» haya sido tu crianza, de alguna manera tus hijos experimentarán una herida de la infancia. Es parte del proceso de crecimiento.

Esta será una guía sobre las nueve heridas de la infancia, con una descripción de cada una, cómo se forman y su relación con los dones y frutos del Espíritu Santo. También incluiré las bienaventuranzas que pueden actuar como sus antídotos espirituales. Además, esta guía abordará el perfil de la crianza, el impacto en el niño, los signos durante la infancia, las manifestaciones en la adultez y cómo podemos ayudar a sanar estas heridas.

1. LA IRA REPRIMIDA

Esta herida se desarrolla cuando los niños sienten que deben ser «buenos» y perfectos para ser amados. Como resultado, aprenden a reprimir su enojo y frustraciones.

Cómo se forma:

Cuando el entorno del niño desalienta consistentemente la expresión de emociones «negativas», especialmente la ira. Se desarrolla a través de:

- Padres que castigan o reprenden al niño por mostrar enojo.

- Un ambiente familiar donde la armonía superficial se valora más que la autenticidad emocional.

- Mensajes constantes de «los niños buenos no se enojan» o «no hay razón para estar molesto».

- Supresión emocional parental, donde los padres nunca muestran su propio enojo de manera saludable.

ETAPA DE CORRECCIÓN

- Recompensas (atención, afecto) dadas solo cuando el niño está «feliz» o «se comporta bien».

Con el tiempo, el niño aprende a reprimir su ira y otras emociones «negativas», creyendo que estas son inaceptables o peligrosas.

Relación con dones y frutos de Espíritu Santo, así como bienaventuranzas:

- Don: sabiduría

- Fruto: amor

- Bienaventuranza: «Dichosos los que reconocen su pobreza espiritual...»

Recuerda que estos niños sintieron que debían ser «buenos» y perfectos para ser amados, reprimiendo su enojo y frustraciones. De adultos, luchan contra un crítico interno (un juez, una voz interna) implacable, y buscan constantemente la perfección. Su identidad y personalidad se han formado para ser reformadores, cumplidores y perfeccionistas. Para la herida de la ira reprimida, Dios tiene el antídoto espiritual: el don o manifestación especial de sabiduría y el fruto del amor. El don de sabiduría implica discernimiento profundo y la capacidad de aplicar el conocimiento de manera práctica y ética. Esto se alinea con el amor, que en su forma más elevada busca el bien del otro. Los niños reformadores y perfeccionistas, con su deseo innato de mejorar el mundo, pueden manifestar este don y fruto de manera única. Su búsqueda de la perfección, cuando está equilibrada, puede ser una expresión del amor sabio, buscando lo mejor para todos. El desafío es que los niños perfeccionistas pueden luchar con la autocrítica excesiva. El don de sabiduría y el fruto del amor pueden ayudarles a ser más compasivos consigo mismos y con los demás. La bienaventuranza para ellos es: «Dichosos los que reconocen su pobreza espiritual, porque de ellos es el reino de los cielos". La sabiduría puede ayudar a los reformadores a reconocer su «pobreza espiritual», liberándolos de la necesidad de perfección y permitiéndoles experimentar el amor verdadero.

Perfil de crianza:

En este entorno, los padres suelen enfatizar el «buen comportamiento» por encima de todo. La expresión de emociones negativas, especialmente la ira, se desalienta fuertemente o incluso se castiga.

El hogar a menudo parece tranquilo y ordenado en la superficie, pero puede haber una tensión subyacente. Los padres tienden a ser perfeccionistas y pueden tener dificultades para manejar sus propias emociones negativas. El amor y la aprobación parecen estar condicionados al comportamiento «perfecto» del niño.

Impacto en el niño:

El niño se vuelve un «pequeño adulto», responsable y aparentemente maduro para su edad. Sin embargo, internamente, puede estar luchando con sentimientos de inadecuación y ansiedad. Estos niños a menudo se convierten en perfeccionistas, siempre esforzándose por ser «buenos» y hacer las cosas «correctamente».

Signos en la infancia:

- El niño rara vez expresa enojo o frustración.
- Busca constantemente la aprobación de los adultos.
- Se muestra excesivamente complaciente.

Manifestaciones en la adultez:

- Luchan contra un crítico interno implacable.
- Buscan constantemente la perfección en todo lo que hacen.
- Pueden tener dificultades para expresar emociones negativas.

Cómo ayudar:

- Anima a tu hijo a expresar todas sus emociones, incluido el enojo.
- Enséñale que está bien cometer errores y que el amor no depende de la perfección.
- Sé tú mismo un ejemplo de cómo manejar el enojo de manera saludable.

2. EL AMOR NO CORRESPONDIDO

Esta herida surge cuando los niños sienten que deben ganarse el amor, lo que los lleva a ser extremadamente serviciales.

Cómo se forma:

Esta herida se forma cuando el niño siente que debe «ganarse» el amor y la atención. Se forma a través de:

- Padres emocionalmente distantes o inconsistentes en su afecto.

- Atención y amor condicionados al rendimiento o comportamiento del niño.

- Un ambiente familiar donde las necesidades emocionales del niño son ignoradas o minimizadas.

- Padres que están demasiado ocupados o estresados para proporcionar una atención constante.

- Mensajes explícitos o implícitos de que el niño debe «ganarse» el amor.

El niño aprende que el amor no es incondicional y que debe esforzarse constantemente para merecerlo.

Relación con los dones y frutos del Espíritu Santo, así como con las bienaventuranzas:

- Don: conocimiento

- Fruto: gozo

- Bienaventuranza: «Dios bendice a los que lloran...»

Recuerda que estos pequeños sintieron que debían ganarse el amor, lo que los llevó a ser extremadamente serviciales. Como adultos, tienden a ignorar sus propias necesidades en pos de complacer a los demás. Su identidad y personalidad se forman de tal modo que son amables, serviciales y ayudadores. Para la herida del amor no correspondido, Dios tiene su antídoto en el don o manifestación especial del conocimiento y del fruto del gozo. El don de conocimiento se refiere a una comprensión profunda de las verdades espirituales. Cuando se combina con el gozo, puede llevar a una alegría profunda basada en la comprensión de Dios.

Los niños ayudadores, conocidos por su deseo de ser amados y necesitados, pueden encontrar una profunda satisfacción en este conocimiento y gozo. Su capacidad natural para conectarse con los demás puede enriquecerse con este don y fruto. El desafío que los niños serviciales y ayudadores tienen es que pueden caer en la codependencia. El conocimiento espiritual y el gozo auténtico pueden ayudarles a encontrar su valor más allá de la aprobación de los demás. La bienaventuranza para ellos es: «Dios bendice a los que lloran, porque ellos serán consolados". El conocimiento de Dios puede traer gozo incluso en momentos de tristeza, ayudando a los ayudadores a encontrar consuelo más allá de la aprobación de los demás.

Perfil de crianza:

En este entorno, el amor y la atención de los padres pueden parecer condicionales o inconsistentes. Los padres pueden estar física o emocionalmente ausentes, o pueden estar tan absortos en sus propias necesidades que descuidan las de sus hijos. Alternativamente, pueden ser padres que solo muestran afecto cuando el niño cumple ciertas expectativas o realiza ciertas tareas.

El hogar puede ser caótico o impredecible emocionalmente. Los padres pueden tener sus propios problemas de abandono o rechazo no resueltos, y pueden buscar inconscientemente que sus hijos llenen sus vacíos emocionales.

Ellos desarrollan una aguda sensibilidad a las necesidades de los demás, y se vuelven expertos en complacer y cuidar a otros, a menudo a expensas de sus propias necesidades.

Impacto en el niño:

El niño se convierte en un «pequeño ayudante», siempre atento a las necesidades de los demás y ansioso por complacer. Pueden parecer maduros y responsables, pero internamente luchan con sentimientos de inseguridad y miedo al abandono. Estos niños a menudo crecen para ser adultos que tienen dificultades para establecer límites saludables y pueden caer en relaciones codependientes.

Signos en la infancia:

- El niño constantemente busca complacer a los demás.

- Tiene dificultades para pedir lo que necesita.
- Muestra ansiedad cuando no puede ayudar o complacer a alguien.

Manifestaciones en la adultez:

- Tienden a ignorar sus propias necesidades en pos de complacer a los demás.
- Pueden desarrollar relaciones codependientes.
- Les cuesta decir «no» a las peticiones de otros.

Cómo ayudar:

- Expresa amor incondicional regularmente.
- Enseña a tu hijo que su valor no depende de lo que hace por los demás.
- Anímalo a expresar sus propias necesidades y deseos.

3. EL RECHAZO AL YO AUTÉNTICO.

Esta herida se desarrolla cuando los niños aprenden a adaptarse y a ser lo que otros esperan de ellos, en lugar de ser quienes realmente son.

Cómo se forma:

Esta herida se forma cuando el niño siente que su verdadero yo no es aceptado o valorado. Se desarrolla a través de:

- - Padres que tienen expectativas rígidas sobre quién y cómo debe ser su hijo.
- - Críticas constantes cuando el niño no cumple con estas expectativas.
- - Elogios y atención solo cuando el niño se comporta de una manera «aceptable».
- - Desaliento o ridiculización de los intereses o rasgos naturales del niño que no se ajustan a las expectativas de los padres.
- - Un ambiente familiar que valora más la imagen y el éxito externo que la autenticidad.

El niño aprende a crear una «falsa persona» que cumpla con las expectativas externas, suprimiendo su verdadero yo.

Relación con los dones y frutos del Espíritu Santo, así como con las bienaventuranzas:

- Don: fe

- Fruto: paz

- Bienaventuranza: «Dios bendice a los que son humildes...»

Ellos aprendieron a adaptarse y a ser lo que otros esperaban de ellos. De mayores, pueden perder contacto con su verdadero ser en su afán por alcanzar el éxito y la admiración. Su identidad y personalidad se forman, y dan como resultado individuos que son competidores, exitosos y triunfadores. Para la herida del rechazo al yo auténtico, Dios tiene su antídoto en el don o la manifestación especial de fe y en el fruto de la paz. La fe implica confianza en Dios más allá de las circunstancias visibles, lo que puede llevar a una paz profunda. Los niños competidores y triunfadores, orientados al éxito y a la imagen pueden beneficiarse enormemente de este don y fruto. La fe puede ayudarles a encontrar valor más allá de sus logros, mientras que la paz puede calmar su impulso constante de probarse a sí mismos. El desafío que los niños triunfadores tendrán es que pueden luchar con la autenticidad. La fe y la paz pueden ayudarlos a ser más genuinos y a encontrar descanso en su identidad en Dios. La bienaventuranza para ellos es: «Dios bendice a los humildes, porque el mundo entero les pertenecerá". La fe puede llevar a los triunfadores a una paz que les permita ser mansos, valorando su verdadero yo por encima de sus logros.

Perfil de crianza:

En este entorno, los padres tienen expectativas muy específicas sobre quién y cómo debe ser su hijo. Pueden proyectar sus propios sueños no realizados en el niño o tener una imagen idealizada de lo que constituye un «hijo perfecto». El amor y la aprobación parecen estar condicionados a que el niño cumpla con estas expectativas.

ETAPA DE CORRECCIÓN

El hogar puede parecer exitoso y orientado al logro desde el exterior. Los padres pueden enfatizar fuertemente el éxito académico, atlético o social. Sin embargo, hay poco espacio para que el niño explore y desarrolle su verdadera personalidad e intereses.

Los niños en este ambiente aprenden a suprimir sus verdaderos sentimientos, deseos e intereses si estos no se alinean con lo que se espera de ellos.

Impacto en el niño:

El niño se convierte en un «camaleón» capaz de adaptarse a diferentes situaciones y expectativas, pero perdiendo contacto en el proceso con su verdadero yo. Pueden parecer exitosos y admirados por los demás, pero internamente luchan con sentimientos de vacío y falta de autenticidad. Estos niños a menudo crecen para ser adultos que tienen dificultades para identificar sus propios deseos y necesidades, y pueden sentir que están viviendo una vida que no es verdaderamente suya.

Signos en la infancia:

- El niño cambia frecuentemente de comportamiento según con quién esté.
- Muestra ansiedad por no cumplir las expectativas de los demás.
- Tiene dificultades para expresar sus verdaderos sentimientos o preferencias.

Manifestaciones en la adultez:

- Pueden perder contacto con su verdadero ser.
- Tienden a buscar constantemente el éxito y la admiración externa.
- Pueden sentir que están viviendo una vida que no es auténticamente suya.

Cómo ayudar:

- Celebra la individualidad de tu hijo.
- Anímalo a explorar sus propios intereses y pasiones.
- Muéstrale una aceptación incondicional sobre quién es realmente.

4.   EL ABANDONO EMOCIONAL

Esta herida surge cuando los niños se sienten incomprendidos y diferentes, lo que los lleva a refugiarse en su mundo interior.

Cómo se forma:

Esta herida se desarrolla cuando las necesidades emocionales del niño son consistentemente ignoradas o desatendidas. Se forma a través de:

- Padres que están físicamente presentes pero emocionalmente ausentes.
- Un ambiente familiar donde las emociones son ignoradas o desalentadas.
- Falta de empatía o validación de los sentimientos del niño.
- Padres que están demasiado abrumados con sus propios problemas como para atender las necesidades emocionales del niño.
- Mensajes constantes de «no seas tan sensible» o «supéralo» cuando el niño expresa sus emociones.

El niño aprende que sus emociones no son importantes y que no puede contar con otros para el apoyo emocional.

Relación con los dones y frutos del Espíritu Santo, así como con las bienaventuranzas:

- Don: sanidad
- Fruto: paciencia

- Bienaventuranza: «Dios bendice a los que tienen hambre y sed de justicia...»

Estos niños se sintieron incomprendidos y diferentes, lo que los llevó a refugiarse en su mundo interior. Como adultos, pueden luchar con sentimientos de inadecuación y melancolía. Su identidad y personalidad se forman dando lugar a personas sensibles, artistas e individualistas. Para la herida del abandono emocional, Dios tiene su antídoto en el don o manifestación especial de sanidad y en el fruto de la paciencia. El don de sanidad no solo se refiere a una curación física, sino también a la emocional y espiritual. Esto se alinea bien con la paciencia, que es crucial en cualquier proceso de sanidad. Los niños sensibles e individualistas, conocidos por su profundidad emocional y su sentido de singularidad, pueden manifestar este don y fruto de manera poderosa. Su capacidad para sentir profundamente puede convertirse en un canal para la sanidad de otros. El desafío que los niños individualistas van a enfrentar es que pueden caer en la melancolía. El don de sanidad y el fruto de la paciencia pueden ayudarles a encontrar equilibrio y esperanza en medio de las emociones intensas. La bienaventuranza para ellos es: «Dios bendice a los que tienen hambre y sed de justicia, porque serán saciados". La sanidad puede satisfacer el anhelo de los individualistas por lo que falta en sus vidas, enseñándoles paciencia en su búsqueda de plenitud.

Perfil de crianza:

En este entorno, los padres pueden estar físicamente presentes, pero emocionalmente distantes o no disponibles. Pueden ser padres que no saben cómo manejar o responder a las emociones de sus hijos, o que se sienten incómodos con las expresiones emocionales en general.

El hogar puede parecer funcional en un nivel práctico, pero carece de calidez emocional. Los padres pueden enfocarse en las necesidades físicas del niño, pero descuidan sus necesidades emocionales.

Los niños, en este ambiente, desarrollan la creencia de que están solos en su mundo emocional y que no pueden contar con los demás para un apoyo emocional.

Impacto en el niño:

El niño se vuelve emocionalmente autosuficiente, a menudo refugiándose en un rico mundo interior. Pueden parecer maduros e independientes, pero internamente luchan con sentimientos de soledad y de desconexión. Estos niños a menudo crecen para ser adultos que tienen dificultades con la intimidad emocional y pueden sentirse fundamentalmente diferentes o incomprendidos por los demás.

Signos en la infancia:

- El niño pasa mucho tiempo solo.

- Tiene dificultades para conectarse emocionalmente con otros.
- Puede mostrar signos de depresión o ansiedad.

Manifestaciones en la adultez:
- Pueden luchar con sentimientos de inadecuación y melancolía.
- Tienden a tener dificultades en las relaciones íntimas.
- Pueden buscar constantemente la validación emocional.

Cómo ayudar:
- Dedica tiempo a escuchar y validar los sentimientos de tu hijo.
- Fomenta la expresión emocional a través del arte, la música o la escritura.
- Busca activamente comprender su mundo interior.

5. EL DESAPEGO

Esta herida se desarrolla cuando los niños se sienten abrumados por las demandas emocionales y se refugian en el mundo de las ideas.

Como se forma:

Esta herida se forma cuando el entorno del niño valora el intelecto y la racionalidad por encima de la conexión emocional. Se desarrolla a través de:

- Padres que responden a las necesidades emocionales empleando la lógica en lugar de la empatía.
- Un ambiente familiar que considera las emociones como una debilidad o una molestia.
- Elogios y atención dados principalmente ante logros intelectuales.
- Falta de modelado de una expresión emocional saludable.
- Mensajes constantes de «no seas emocional» o «sé racional».

El niño aprende a desconectarse de sus emociones y a refugiarse en el mundo del intelecto.

ETAPA DE CORRECCIÓN

Relación con los dones y frutos del Espíritu Santo, así como con las bienaventuranzas:

- Don: milagros
- Fruto: benignidad
- Bienaventuranza: «Dios bendice a los compasivos...»

Ellos se sintieron abrumados por las demandas emocionales, así que se refugiaron en el mundo de las ideas. De adultos, pueden tener dificultades para conectarse emocionalmente con otros. Su identidad y personalidad se forman dando lugar a pensadores, intelectuales y analíticos. Para la herida del desapego, Dios tiene su antídoto en el don o manifestación especial de milagros y en el fruto de la benignidad. El don de milagros implica la manifestación sobrenatural del poder de Dios, mientras que la benignidad se refiere a la bondad en acción. Los niños pensadores, intelectuales y analíticos conocidos por su deseo de entender y su tendencia a observar más que a participar, pueden encontrar en este don y fruto una invitación a experimentar y expresar el poder de Dios de maneras prácticas. El desafío de los niños pensadores es que pueden tender al aislamiento. El don de milagros y el fruto de la benignidad pueden animarlos a involucrarse más activamente en el mundo que los rodea. La bienaventuranza para ellos es: «Dios bendice a los compasivos, porque serán tratados con compasión". Experimentar milagros puede inspirar a los intelectuales a mostrar benignidad y misericordia, ayudándoles a conectar emocionalmente con otros.

Perfil de crianza:

En este entorno, los padres pueden valorar altamente el intelecto y la racionalidad, a menudo a expensas de la expresión emocional. Pueden ser padres que se sienten incómodos con las emociones intensas, o que creen que las emociones son una señal de debilidad.

El hogar puede ser un lugar donde se fomente el aprendizaje y el desarrollo intelectual, pero donde existe poco espacio para la expresión emocional o la conexión interpersonal profunda. Los padres pueden usar la lógica y el razonamiento para abordar problemas emocionales.

Los niños desarrollan en este ambiente la creencia de que el pensamiento racional es superior a la experiencia emocional.

Impacto en el niño:

El niño se convierte en un «pequeño adulto», a menudo precoz intelectualmente pero emocionalmente desconectado. Pueden parecer maduros y capaces, pero internamente luchan con la intimidad emocional y pueden sentirse abrumados por las emociones intensas. Estos niños a menudo crecen para ser adultos que tienen dificultades para conectarse emocionalmente con otros, y pueden tender a intelectualizar sus experiencias.

Signos en la infancia:

- El niño parece distante o desconectado emocionalmente.
- Muestra un interés inusual en temas abstractos o intelectuales.
- Tiene dificultades para expresar o reconocer emociones.

Manifestaciones en la adultez:

- Pueden tener dificultades para conectarse emocionalmente con otros.
- Tienden a intelectualizar las experiencias emocionales.
- Pueden sentirse incómodos en situaciones que requieren intimidad emocional.

Cómo ayudar:

- Fomenta el equilibrio entre el desarrollo intelectual y emocional.
- Practica junto a él la expresión emocional.
- Valida por igual sus pensamientos y sentimientos.

6. LA FALTA DE APOYO Y SEGURIDAD

Esta herida surge cuando los niños perciben el mundo como un lugar peligroso e impredecible.

ETAPA DE CORRECCIÓN

Cómo se forma:

Esta herida se desarrolla cuando el niño percibe el mundo como un lugar demasiado inseguro e incierto. Se forma a través de:

- Padres que son inconsistentes en su cuidado y protección.
- Un ambiente familiar caótico o impredecible.
- Experiencias de trauma o peligro sin un adecuado apoyo o protección.
- Padres que transmiten constantemente mensajes de miedo sobre el mundo.
- Falta de estabilidad y de rutinas predecibles en el hogar.

El niño aprende que el mundo es inseguro y que no puede confiar en otros para protegerse.

Relación con dones y frutos del Espíritu Santo, así como con las bienaventuranzas:

- Don: profecía
- Fruto: bondad
- Bienaventuranza: «Dios bendice los que tienen un corazón puro...»

Ellos percibieron el mundo como un lugar peligroso e impredecible. Como adultos, tienden a ser cautelosos y buscan constantemente seguridad y certeza. Su identidad y personalidad se forman dando lugar a personas leales, comprometidas y dubitativas. Para la herida de la falta de apoyo y seguridad Dios tiene su antídoto en el don o manifestación especial de profecía y en el fruto de la bondad. La profecía implica comunicar la verdad de Dios, a menudo con el propósito de guiar o advertir. Esto se alinea con la bondad, que busca el bien de los demás. Los niños comprometidos, conocidos por su lealtad y su preocupación por la seguridad, pueden manifestar este don y fruto de una manera única. Su capacidad para anticipar problemas puede convertirse en una herramienta para guiar a otros hacia la seguridad en Dios. El desafío de los niños leales, comprometidos y dubitativos es que pueden luchar con la ansiedad. El don de profecía y el fruto de la bondad pueden ayudarlos a encontrar seguridad en la verdad de Dios, y a expresar esa seguridad a través de actos de bondad. La bienaventuranza para ellos es: «Dios bendice a los que tienen un corazón puro, porque ellos verán a Dios". La profecía puede dar a los dubitativos la claridad y seguridad que buscan, inspirándoles a actuar con bondad desde un corazón puro.

Perfil de crianza:

En este entorno, los padres pueden ser inconsistentes en su cuidado o pueden transmitir una sensación de que el mundo es un lugar peligroso e impredecible. Pueden ser padres que luchan con sus propias ansiedades o que han experimentado traumas no resueltos.

El hogar puede ser un lugar de incertidumbre constante, donde las reglas y expectativas cambian frecuentemente. Los padres pueden ser sobreprotectores o, por el contrario, descuidados en términos de seguridad.

Los niños en este ambiente desarrollan una hipervigilancia constante, y pueden tener dificultades para relajarse o sentirse seguros.

Impacto en el niño:

El niño se vuelve cauteloso y ansioso, siempre alerta ante posibles peligros. Pueden parecer maduros en su capacidad para anticipar problemas, pero internamente luchan con un miedo constante y una sensación de inseguridad. Estos niños a menudo crecen para ser adultos que tienen dificultades para confiar en los demás y pueden luchar con una ansiedad crónica.

Signos en la infancia:

- El niño muestra una ansiedad excesiva.
- Tiene dificultades para adaptarse a nuevas situaciones.
- Busca constantemente tranquilidad y seguridad.

Manifestaciones en la adultez:

- Tienden a ser cautelosos y buscan constantemente seguridad.
- Pueden tener dificultades para tomar decisiones.
- A menudo luchan con la ansiedad y el miedo.

ETAPA DE CORRECCIÓN

Cómo ayudar:

- Proporciona un ambiente estable y predecible.
- Enseña habilidades de afrontamiento y de resolución de problemas.
- Fomenta gradualmente la independencia.

7. EL DOLOR Y LA LIMITACIÓN

Esta herida se desarrolla cuando los niños aprenden a evitar el dolor centrándose en experiencias positivas.

Cómo se forma:

Esta herida se forma cuando el niño aprende a evitar todas las experiencias difíciles o dolorosas. Se desarrolla a través de:

- Padres que intentan proteger al niño de toda experiencia negativa.
- Un ambiente familiar que evita el conflicto y enfatiza una positividad constante.
- Padres que «arreglan» rápidamente cualquier problema del niño en lugar de enseñarle a enfrentarlo por sí mismo.
- Falta de oportunidades para que el niño desarrolle resiliencia a través de desafíos apropiados.
- Mensajes constantes de que el dolor y la incomodidad son inaceptables.

El niño aprende que el dolor debe evitarse a toda costa y no desarrolla las habilidades para manejar la adversidad.

Relación con dones y frutos del Espíritu Santo, así como con las bienaventuranzas:

- Don: discernimiento de espíritus
- Fruto: fe
- Bienaventuranza: «Dios bendice a los que procuran la paz...»

Ellos aprendieron a evitar el dolor centrándose en experiencias positivas. De adultos, pueden tener dificultades para enfrentar la realidad y tienden a buscar constantemente nuevas experiencias emocionantes. Su identidad y personalidad nos hace verlos como entusiastas, sociales y estimuladores. Para la herida del dolor y la limitación, Dios tiene su antídoto en el don o manifestación especial de discernimiento de espíritus y en el fruto de la fe. El discernimiento de espíritus implica la capacidad de distinguir entre diferentes influencias espirituales. Cuando se combina con la fe, puede llevar a una confianza profunda en la guía de Dios. Los niños entusiastas y sociables, conocidos por su optimismo y su búsqueda de experiencias positivas, pueden usar este don y fruto para navegar por sus vidas con una alegría arraigada en la verdad espiritual. El desafío de los niños entusiastas es que pueden evitar el dolor y la negatividad, y eso les impide crecer en algunas áreas. El discernimiento y la fe pueden ayudarles a enfrentar realidades difíciles con esperanza y confianza. La bienaventuranza para ellos es: «Dios bendice a los que procuran la paz, porque serán llamados hijos de Dios". El discernimiento puede ayudar a los entusiastas a encontrar paz interior, permitiéndoles ser pacificadores en lugar de buscar constantemente nuevas experiencias para evitar el dolor.

Perfil de crianza:

En este entorno, los padres pueden intentar proteger a sus hijos de todas las experiencias negativas o dolorosas. Puede tratarse de padres que tienen sus propias dificultades para manejar el dolor o la frustración y proyectan esto en sus hijos.

El hogar puede ser un lugar donde se evita el conflicto y se enfatiza la positividad constante. Los padres pueden tratar de distraer o «arreglar» rápidamente cualquier situación que cause malestar al niño.

Los niños en este ambiente desarrollan estrategias para evadir situaciones difíciles, y pueden tener dificultades para desarrollar resiliencia.

Impacto en el niño:

El niño se vuelve orientado al placer, y puede tener dificultades para manejar la frustración o el dolor. Pueden parecer optimistas y alegres, pero internamente quizá se sientan mal equipados para manejar los desafíos de la vida. Estos niños a menudo crecen para ser adultos que buscan

ETAPA DE CORRECCIÓN

constantemente experiencias positivas, y puede que luchen con adicciones o comportamientos impulsivos como forma de evitar el dolor.

Signos en la infancia:

- El niño evita situaciones o temas que puedan ser desafiantes o dolorosos.
- Muestra una preferencia excesiva por actividades placenteras.
- iene dificultades para manejar la frustración o el fracaso.

Manifestaciones en la adultez:

- Pueden tener dificultades para enfrentar la realidad.
- Tienden a buscar constantemente nuevas experiencias emocionantes.
- Pueden luchar con adicciones o con comportamientos impulsivos.

Cómo ayudar:

- Enseña que todas las emociones son válidas y temporales.
- Fomenta la resiliencia, ayudándole a enfrentar desafíos apropiados para su edad.
- Modela cómo manejar el dolor y la desilusión de una manera saludable.

8. LA TRAICIÓN Y LA INJUSTICIA

Esta herida surge cuando los niños se sienten vulnerables y aprenden a protegerse volviéndose fuertes.

Cómo se forma:

Esta herida se desarrolla cuando el niño experimenta violaciones significativas de confianza o justicia. Se forma a través de:

- Padres que son inconsistentes, poco confiables, violentos o abusivos.
- Un ambiente familiar donde las reglas se aplican de manera arbitraria o injusta.

- Experiencias de traición significativa (por ejemplo, infidelidad parental, promesas rotas constantemente).
- Falta de protección cuando el niño es tratado injustamente por otros.
- Mensajes constantes de que el mundo es injusto y que no se puede confiar en nadie.

El niño aprende que debe protegerse a sí mismo y que no puede confiar en otros.

Relación con dones y frutos del Espíritu Santo, así como con las bienaventuranzas:

- Don: lenguas
- Fruto: mansedumbre
- Bienaventuranza: «Dios bendice los que son perseguidos por hacer lo correcto...»

Ellos se sintieron vulnerables y aprendieron a protegerse volviéndose fuertes. Como adultos, pueden tener problemas de confianza y una tendencia a controlar su entorno. Su identidad y personalidad se forma dando lugar a que sean líderes, poderosos y desafiantes. Para la herida de la traición y la injusticia Dios tiene su antídoto en el don o manifestación especial de lenguas y en el fruto de la mansedumbre. El don de lenguas implica hablar en un lenguaje desconocido por inspiración divina, lo que requiere una rendición al Espíritu Santo. Esto se alinea con la mansedumbre, que implica tener una fuerza bajo control. Los niños que son líderes y desafiantes, conocidos por su fuerza y su deseo de control, pueden encontrar en este don y fruto una invitación a una forma de poder diferente: el poder que viene de la sumisión a Dios. El desafío que enfrentan los niños líderes y desafiantes es luchar con la vulnerabilidad. El don de lenguas y el fruto de la mansedumbre pueden ayudarlos a encontrar fuerza en la rendición y la humildad. La bienaventuranza para ellos es: "Dios bendice a los que son perseguidos por hacer lo correcto, porque el reino de los cielos les pertenece". El don de lenguas puede enseñar a los que son desafiantes la mansedumbre, ayudándolos a enfrentar la injusticia con fuerza espiritual en lugar de agresión.

ETAPA DE CORRECCIÓN

Perfil de crianza:

En este entorno, los padres pueden ser inconsistentes, poco confiables o incluso abusivos. Pueden ser padres que luchan con sus propios problemas para controlarse o que han experimentado traiciones significativas en sus vidas.

El hogar puede ser un lugar de poder y control, donde las necesidades del niño son secundarias a las de los padres. Puede haber un constante sentido de injusticia, donde las reglas se aplican de manera arbitraria.

Los niños en este ambiente desarrollan una fuerte sensación de injusticia, y como mecanismo de protección pueden volverse defensivos o controladores.

Impacto en el niño:

El niño se vuelve fuerte y autosuficiente, a menudo mostrando una fachada de dureza. Pueden parecer resistentes y capaces, pero internamente luchan con problemas de confianza y pueden tener dificultades para mostrarse vulnerables. Estos niños a menudo crecen para ser adultos que tienen dificultades en las relaciones íntimas y pueden luchar con problemas de control.

Signos en la infancia:

- El niño muestra una actitud desafiante o controladora.
- Tiene dificultades para confiar en los demás.
- Puede mostrar comportamientos agresivos o dominantes.

Manifestaciones en la adultez:

- Pueden tener problemas de confianza.
- Tienden a controlar su entorno y relaciones.
- Pueden luchar con la vulnerabilidad y la intimidad.

Cómo ayudar:

- Sé consistente y confiable en tus palabras y acciones.

- Enseña sobre la justicia y cómo manejar la injusticia de manera constructiva.
- Fomenta la empatía y la comprensión de los demás.

9. LA SEPARACIÓN Y LA PÉRDIDA

Esta herida se desarrolla cuando los niños sienten que sus necesidades no son importantes y aprenden a «desaparecer».

Cómo se forma:

Esta herida se forma cuando el niño experimenta separaciones significativas o pérdidas sin el apoyo emocional adecuado. Se desarrolla a través de:

- La pérdida de un ser querido sin el apoyo emocional adecuado.
- Separaciones frecuentes o prolongadas de sus cuidadores principales.
- Un ambiente familiar donde los vínculos emocionales son débiles o inexistentes.
- Padres que están emocionalmente ausentes, aunque estén físicamente presentes.
- Experiencias o amenazas de abandono.

El niño aprende a «desaparecer» emocionalmente como mecanismo de protección contra el dolor de la separación.

Relación con dones y frutos del Espíritu Santo, así como con las bienaventuranzas:

- Don: interpretación de lenguas
- Fruto: dominio propio
- Bienaventuranza: «Dios los bendice a ustedes cuando la gente les hace burla y los persigue y miente acerca de ustedes y dice toda clase de cosas malas en su contra...»

Ellos sintieron que sus necesidades no eran importantes y aprendieron a «desaparecer». De adultos, pueden tener dificultades para afirmarse y tienden a evitar los conflictos. Su identidad y personalidad se forma de

ETAPA DE CORRECCIÓN

tal modo que son pacificadores, conciliadores y mediadores. El antídoto que Dios tiene para la herida de separación y perdida es el don o manifestación especial de la interpretación de lenguas y el fruto del dominio propio. La interpretación de lenguas implica traducir el mensaje dado en lenguas para la edificación de la comunidad. Esto requiere dominio propio para transmitir el mensaje con precisión. Los niños pacificadores, conocidos por su deseo de paz y armonía, pueden manifestar este don y fruto de manera única. Su capacidad natural para mediar y crear consenso puede enriquecerse con la habilidad de interpretar mensajes espirituales para el bien común. El desafío para los niños pacificadores y conciliadores es no caer en la pasividad. El don de la interpretación y el fruto del dominio propio pueden animarlos a tomar una postura más activa en la comunicación de verdades importantes. La bienaventuranza es: «Dios los bendice a ustedes cuando la gente les hace burla y los persigue y miente acerca de ustedes y dice toda clase de cosas malas en su contra porque son mis seguidores.". La interpretación de lenguas puede dar a los pacificadores la confianza para mantenerse firmes en su verdad, incluso frente a la oposición, ejerciendo el dominio propio en lugar de evitar el conflicto.

Perfil de crianza:

En este entorno, los padres pueden estar física o emocionalmente ausentes. Pueden ser padres que han experimentado pérdidas significativas en sus propias vidas o que tienen dificultades para formar vínculos emocionales fuertes.

El hogar puede ser un lugar donde la conexión emocional es mínima. Los padres proveen y satisfacen las necesidades físicas del niño, pero hay una falta de presencia emocional constante.

Los niños en este ambiente desarrollan una tendencia a «desaparecer» emocionalmente, como un mecanismo de protección contra el dolor de la separación.

Impacto en el niño:

El niño se vuelve emocionalmente autosuficiente y puede parecer desapegado o indiferente. Pueden ser capaces de funcionar bien de manera independiente, pero internamente luchan con sentimientos de soledad y desconexión. Estos niños a menudo crecen para ser adultos que tienen dificultades para formar vínculos emocionales profundos, y pueden luchar con sentimientos de vacío o falta de propósito.

Signos en la infancia:

- El niño tiende a ser extremadamente complaciente.
- Tiene dificultades para expresar sus propias necesidades o deseos.
- Puede mostrar signos de baja autoestima.

Manifestaciones en la adultez:

- Pueden tener dificultades para afirmarse.
- Tienden a evitar los conflictos.
- A menudo luchan con sentimientos de insignificancia.

Cómo ayudar:

- Valida y atiende activamente las necesidades de tu hijo.
- Enséñale a expresar sus opiniones y a establecer límites saludables.
- Fomenta un sentido de identidad y una autoestima fuerte.

Es importante recordar que estas heridas no se forman por un solo incidente sino por patrones repetidos a lo largo del tiempo.

Recuerda que estas descripciones son generalizaciones y cada situación familiar es única. Además, es posible que un niño experimente más de una de estas heridas. Lo importante es reconocer estas dinámicas y trabajar conscientemente para proporcionar un ambiente de crianza amoroso, seguro y que fomente el desarrollo saludable del niño en todos los aspectos. Estas heridas no son destinos inevitables, sino áreas con un potencial crecimiento. Con Dios y su Palabra, así como con amor, comprensión y una orientación adecuada, podemos ayudar a nuestros hijos a sanar y desarrollar una resiliencia emocional. Aun cuando nos esforcemos, es probable que nuestros hijos experimenten alguna herida emocional en su infancia o varias de ellas.

Reconocer nuestras heridas no es para lamentarnos, sino para entendernos mejor. Son como mapas que nos guían a explorar nuestro interior. Al comprender el origen de nuestros patrones de comportamiento,

ETAPA DE CORRECCIÓN

podemos comenzar a sanar y crecer. Cada herida trae consigo desafíos, pero también fortalezas únicas. Por ejemplo, quienes llevan la herida del amor no correspondido suelen ser increíblemente empáticos, mientras que aquellos con la herida del desapego a menudo poseen una capacidad analítica extraordinaria.

El camino hacia la sanidad es diferente para cada persona, pero siempre implica la guía del Espíritu Santo, junto con la aceptación, la comprensión y el amor propio. Es como si estuviéramos aprendiendo a abrazar a ese niño interior, brindándole el amor y la comprensión que quizá no recibió en su momento. Recuerda, no estás solo en este viaje de crianza. Cada paso de crecimiento te capacita para criar a tus hijos con propósito.

Es importante recordar que esta es una interpretación, no una doctrina establecida. Nos muestra cómo los dones espirituales, los frutos del Espíritu y las heridas de la infancia pueden interactuar de maneras complejas y enriquecedoras. Cada herida también puede amplificar ciertos dones y frutos, y puede ser un área donde estos tengan un impacto transformador. El verdadero crecimiento espiritual y personal implica un camino de autodescubrimiento, de humildad y apertura a la acción de Dios en nuestras vidas, independientemente de nuestras heridas. Lo mismo se aplica a la crianza. Recuerda que la crianza es como un maratón, no una carrera de velocidad. A veces nos cansamos, pero el resultado final vale cada gota de esfuerzo. ¡Juntos podemos lograrlo! Ahora, como para reflexionar: ¿con qué herida te identificas más? ¿Cómo podría esto influir en tu estilo de crianza? ¿Identificas alguna de estas heridas en tus hijos? ¿Estás dispuesto a ayudarlos a sanar?

La etapa de corrección es fundamental en el desarrollo de nuestros hijos. Al enfocarnos en el autocontrol, la obediencia, la disciplina con amor y en establecer límites claros, y al mismo tiempo ser conscientes de las posibles heridas emocionales, podremos guiar a nuestros pequeños hacia un crecimiento saludable.

CAPÍTULO 16:

ETAPA DE FORMACIÓN

Una de las etapas más cruciales y enriquecedoras en el desarrollo de nuestros hijos sucede cuando tienen entre 6 y 10 años. Este es un periodo de formación intensiva, donde los valores, el respeto y la obediencia se consolidan de manera significativa.

1. COMPRENDIENDO EL DESARROLLO INTEGRAL DE NUESTROS HIJOS

En esta etapa, nuestros hijos experimentan un crecimiento notable en tres áreas fundamentales:

a. Desarrollo cognitivo:

- Adquisición de pensamiento lógico y organizado

  Los niños comienzan a entender y aplicar reglas lógicas a situaciones concretas. Por ejemplo, pueden clasificar objetos por múltiples características (color, forma, tamaño) simultáneamente.

- Mejora en la comprensión de causa y efecto

  Empiezan a entender que sus acciones tienen consecuencias más allá de lo inmediato. Pueden anticipar resultados basados en experiencias previas.

- Desarrollo de la capacidad de ver las cosas desde otras perspectivas

  Comienzan a entender que otras personas pueden tener pensamientos y sentimientos diferentes a los suyos. Esto es crucial para el desarrollo de la empatía.

- Aumento en la capacidad de memoria y aprendizaje

  Su memoria a largo plazo mejora significativamente, permitiéndoles retener más información y aplicarla en diferentes contextos.

b. Desarrollo emocional:

- Mayor conciencia de las emociones propias y ajenas

  Los niños empiezan a reconocer emociones más complejas como la frustración, el orgullo o la ansiedad, tanto en sí mismos como en los demás.

- Desarrollo de la empatía

  Comienzan a ponerse en el lugar del otro y a entender cómo sus acciones pueden afectar a los demás.

- Mejora en la regulación emocional

  Aprenden estrategias para manejar sus emociones: buscar a Dios en oración, declarar la Palabra para tomar decisiones pequeñas y calmarse, la respiración profunda o el contar hasta diez cuando están enojados.

- Aumento de la autoconciencia y la autoestima

  Desarrollan una imagen más clara de quiénes son, sus fortalezas y áreas de mejora.

c. Desarrollo espiritual:

- Capacidad para entender conceptos espirituales más abstractos

  Pueden comprender ideas como la fe, la gracia y el perdón de una manera más profunda.

- Inicio del desarrollo de una relación personal con Dios

ETAPA DE FORMACIÓN

Comienzan a ver a Dios no solo como una figura de autoridad, sino como alguien con quien pueden tener una relación personal.

- Habilidad para aplicar enseñanzas bíblicas a situaciones cotidianas

  Pueden relacionar historias bíblicas con situaciones de su vida diaria y entender cómo aplicar principios bíblicos.

- Comprensión más profunda de la oración como comunicación con Dios

  Entienden que la oración no es solo pedir cosas, sino una forma de comunicarse y relacionarse con Dios.

Este desarrollo integral se manifiesta en su curiosidad insaciable y en las constantes preguntas «¿por qué?». Cada pregunta es una oportunidad para guiar su comprensión del mundo y fortalecer su relación con Dios. Si están preguntando "¿por qué?", la cosa va bien.

2. RESPONDIENDO AL «¿POR QUÉ?» CON SABIDURÍA

Las preguntas incesantes de nuestros hijos son ventanas a sus mentes y corazones en crecimiento. Nuestra respuesta a estas preguntas puede moldear significativamente su comprensión del mundo y de su fe. Un ejemplo práctico: «¿Por qué tenemos que ir a la iglesia?», en lugar de una respuesta simple como «Porque sí», podrías decir: «La iglesia es un lugar especial donde nos reunimos como familia de Dios. Allí aprendemos más sobre su amor, compartimos con otros creyentes y crecemos juntos en nuestra fe".

Debemos respetarlos con nuestras respuestas. Esto implica:

1. Escuchar atentamente la pregunta y asegurarnos de entenderla.

2. Responder de manera honesta y apropiada para su edad.

3. Usar ejemplos o analogías que puedan entender fácilmente.

4. Animar a hacer más preguntas y a la curiosidad.

5. Admitir cuando no sabemos algo y ofrecer buscar la respuesta juntos.

3. CULTIVANDO EL RESPETO: UNA BASE PARA LA VIDA

El respeto es un valor fundamental que abarca múltiples aspectos de la vida. Podemos pensar en ello como si se tratara de un jardín que requiere un cuidado constante:

- Respeto por Dios:

  Cultivar una relación personal con Dios basada en el amor y la reverencia. Esto incluye enseñarles a orar, a leer la Biblia y a vivir de acuerdo con sus enseñanzas.

- Respeto por uno mismo:

  Fomentar una autoestima saludable basada en el entendimiento de que son creaciones únicas de Dios. Esto incluye cuidar su cuerpo, mente y espíritu.

- Respeto por los demás:

  Enseñar la empatía y la consideración, reflejando el amor de Cristo. Esto puede incluir practicar buenos modales, escuchar a los demás y tratar a todos con amabilidad.

- Respeto por la autoridad:

  Explicar la importancia de las reglas y la obediencia en el contexto del amor y la protección de Dios. Ayudarles a entender que la autoridad existe para su bienestar.

- Respeto por la naturaleza:

  Inculcar la responsabilidad de cuidar la creación de Dios. Esto puede incluir enseñarles sobre el reciclaje, el cuidado de las plantas y los animales, y la conservación de recursos.

ETAPA DE FORMACIÓN

4. DISCIPLINA CON GRACIA: GUIANDO CON AMOR

Una disciplina efectiva tiene más que ver con enseñar que con castigar. Es una oportunidad para moldear el carácter de nuestros hijos y guiarlos hacia una comprensión más profunda de las consecuencias de sus acciones.

Una estrategia práctica podría ser que implementes un «tiempo de reflexión» en lugar de un «tiempo afuera». Anima a tu hijo a pensar en sus acciones, y en cómo podría haber manejado una situación de manera diferente. Concluye este tiempo con una conversación amorosa y una oración juntos.

PASOS PARA UNA DISCIPLINA EFECTIVA:

1. Establece reglas claras y consecuencias lógicas.
2. Sé consistente en la aplicación de las reglas.
3. Explica el porqué de las reglas y sus consecuencias.
4. Usa la disciplina como una oportunidad de enseñar, no de producir vergüenza.
5. Muestra amor y aceptación, incluso cuando los corrijas.

5. SIENDO EJEMPLO DE LOS VALORES QUE QUEREMOS VER

Como padres, somos los primeros y más influyentes ejemplos para nuestros hijos. Nuestras acciones hablan más fuerte que nuestras palabras. Pregúntate: «¿Estoy viviendo de una manera que refleje los valores que quiero inculcar en mis hijos?»

ALGUNAS ÁREAS PARA REFLEXIONAR:

- ¿Cómo manejo mis propias emociones, especialmente el enojo y la frustración?
- ¿Muestro respeto hacia los demás, incluyendo a mi cónyuge y a mis hijos?

COMO PADRES, SOMOS LOS PRIMEROS Y MÁS INFLUYENTES EJEMPLOS PARA NUESTROS HIJOS.

- ¿Soy honesto en todas mis interacciones?
- ¿Cómo demuestro mi fe en mi vida diaria?
- ¿Cómo manejo los desacuerdos o conflictos?

6. MOLDEANDO CORAZONES, NO SOLO COMPORTAMIENTOS

Nuestro objetivo último es formar el carácter de nuestros hijos, no controlar su comportamiento externo. Esto requiere un enfoque en sus motivaciones y valores internos.

Sería genial si puedes hacer una actividad de conexión como esta: después de que tu hijo haya hecho algo bueno, pregúntale: «¿Cómo te sientes después de haber ayudado a tu amigo? ¿Por qué crees que es importante ser amable?»

Esto a mí me ha funcionado muchísimo, y tenemos recuerdos y vínculos con nuestros hijos muy fuertes, que ellos y nosotros atesoramos.

OTRAS ESTRATEGIAS PARA MOLDEAR EL CORAZÓN:

- Usa historias y parábolas para enseñar lecciones morales.
- Haz preguntas que fomenten la reflexión ética.
- Celebra cuando muestren compasión, generosidad o integridad.
- Ayúdales a ver las consecuencias de sus acciones en los demás.

ETAPA DE FORMACIÓN

7. FOMENTANDO LA INDEPENDENCIA Y LA RESPONSABILIDAD

A medida que nuestros hijos crecen, es crucial darles oportunidades para desarrollar su independencia y sentido de la responsabilidad, siempre dentro de límites seguros y apropiados. Una idea práctica sería crear un «tablero de responsabilidades» donde tu hijo pueda marcar las tareas completadas. Celebra sus logros y discute los desafíos que enfrenta.

OTRAS FORMAS DE FOMENTAR LA INDEPENDENCIA:

- Asignar en casa tareas apropiadas a su edad.
- Permitirles tomar decisiones pequeñas y aprender de las consecuencias.
- Enseñarles habilidades prácticas, como hacer su cama o preparar un snack simple.
- Animarlos a resolver problemas por sí mismos antes de pedir ayuda.

8. NAVEGANDO LAS INFLUENCIAS EXTERNAS

En esta etapa, el mundo de nuestros hijos se expande significativamente. Es crucial equiparlos para navegar las influencias de amigos, medios de comunicación y tecnología.

Consejo clave: mantén líneas de comunicación abiertas. Haz de tu hogar un lugar seguro donde tus hijos puedan discutir abiertamente lo que ven y escuchan en el mundo exterior.

ESTRATEGIAS ADICIONALES:

- Conoce a los amigos de tus hijos y a sus familias.
- Establece reglas claras sobre el uso de medios y tecnología.

- Enseña el pensamiento crítico para evaluar los mensajes de los medios.
- Fomenta actividades y amistades que refuercen valores positivos.

9. INTEGRANDO LA FE EN LA VIDA DIARIA

Nuestra fe debe ser una parte integral de nuestra vida cotidiana, no solo algo reservado para los domingos. Para esto tiene que ser parte de la actividad familiar. Inicia una reunión de familia donde cada semana compartan y lean la Biblia. Oren y escriban una bendición, relacionándola con la bondad de Dios.

ORAS IDEAS PARA INTEGRAR LA FE:

- Orar juntos antes de las comidas y al acostarse.
- Hablar sobre cómo ven a Dios trabajando en sus vidas diarias.
- Participar como familia en actividades de servicio en la iglesia.
- Crear tradiciones familiares basadas en la fe para celebraciones y festividades.

La etapa de formación es un periodo crucial en el desarrollo de nuestros hijos. Ayúdales a desarrollar una base sólida de valores, respeto y fe que les sirva para toda la vida. Este viaje de crianza implica nuestro crecimiento como padres y el desarrollo de nuestros hijos. Adapten estos principios a las necesidades específicas de su familia, siempre guiados por el amor y la sabiduría de Dios.

Agradece por el privilegio de ser el guía de tu hijo en esta etapa formativa. Piensa: ¿qué momento especial compartiste hoy que refleje su crecimiento?

CAPÍTULO 17:

ETAPA DE INSTRUCCIÓN

La adolescencia, esa etapa fascinante y desafiante, que va de los 11 a los 15 años, marca un punto de inflexión en la vida de nuestros hijos. Lejos de ser un periodo temido, es una oportunidad dorada para forjar el carácter y los valores que definirán su vida adulta. En esta fase crucial, nos convertimos en arquitectos y compañeros de viaje, diseñando y recorriendo junto a ellos el camino hacia su madurez. El propósito principal en esta etapa es cultivar virtudes y forjar el carácter.

EDIFICANDO SOBRE BASES SÓLIDAS

Los años previos han sentado las bases: autocontrol, obediencia y respeto. Ahora, es momento de elevar la estructura, incorporando virtudes duraderas y un carácter íntegro. La meta es que nuestros adolescentes no solo conozcan los valores, sino que los abracen como propios, convirtiéndolos en una brújula moral para sus decisiones futuras. Necesitan un acompañamiento activo en la travesía adolescente. Este viaje requiere nuestra presencia constante. Aunque a veces parezca que nos rechazan, en realidad anhelan nuestra guía. La crianza en esta etapa demanda fortaleza, paciencia y una confianza inquebrantable en Dios. Las Escrituras nos ofrecen un plan maestro:

"Debes comprometerte con todo tu ser a cumplir cada uno de estos mandatos que hoy te entrego. Repíteselos a tus hijos una y otra vez. Habla de ellos en tus conversaciones cuando estés en tu casa y cuando vayas por el camino, cuando te acuestes y cuando te levantes. Átalos a tus manos y llévalos sobre la frente como un recordatorio. Escríbelos en los marcos de la entrada de tu casa y sobre las puertas de la ciudad." Deuteronomio 6:6-9

Este pasaje muestra tres elementos clave:

1.   Vivir el ejemplo: nuestras acciones hablan más fuerte que nuestras palabras.

2.   Enseñanza constante: aprovechar cada momento como una lección de vida.

3.   Fe integrada: Hacer de la espiritualidad una parte natural del día a día.

Con esta estrategia estamos preparando a nuestros hijos para los desafíos. El mundo presenta retos constantes. Usemos estas experiencias para enseñar sobre las consecuencias del pecado, la realidad de las fuerzas espirituales negativas, la importancia de mantenerse firme en la fe y los dones espirituales que ellos poseen.

Usar también la sabiduría de Proverbios. Este libro nos instruye sobre la relación con Dios y con los padres, la elección de amistades, las relaciones románticas y la administración financiera. Anima a tus hijos a leer y estudiar Proverbios, aplicándolo a situaciones cotidianas.

ILUMINANDO EL CAMINO DE LA FE

Es fundamental que tus adolescentes comprendan los beneficios de seguir a Dios, más allá de simples reglas o temores. Algunas estrategias incluyen: compartir experiencias personales de fe. Que tus hijos oigan tus experiencias con Dios tanto buenas como malas, así como tu pasado.

Destaca ejemplos inspiradores de otros creyentes. Muchas veces el ejemplo de alguien de fuera de casa ayuda. Analiza con ellos los resultados de sus decisiones, sabias y necias, y qué consecuencias han traído y reflexiona con ellos. Hazlo ameno y divertido y te aseguro que te buscarán para hacerlo. Fomenta la gratitud por las bendiciones diarias. En medio de un mundo superficial y desagradecido, la gratitud es una moneda de valor muy alto. En la adolescencia, la gratitud opaca la rebeldía.

SELECCIONANDO LOS CAMPOS DE BATALLA

La crianza adolescente requiere discernimiento para elegir qué batallas librar. Establece prioridades claras, y sé flexible en los asuntos menores. Evalúa el corazón detrás de las acciones. Un cuarto desordenado no merece el mismo nivel de preocupación que una actitud irrespetuosa. Enfócate en nutrir un corazón que ame a Dios y a los demás, más que en la perfección externa. Tu rol es crear un camino seguro hacia la adultez. Permite crecimiento y exploración, pero con límites claros, para protegerlos contra peligros reales. Lo más importante es asegurarles que no están solos en este viaje.

> **EN LA ADOLESCENCIA, LA GRATITUD OPACA LA REBELDÍA**

Nuestra misión es guiar con amor, corregir con gracia y celebrar cada paso positivo.

PREGUNTAS PARA CONSIDERAR:

1. ¿Cómo estás ejemplificando las virtudes que deseas ver en tu hijo?

2. ¿De qué manera práctica incorporas enseñanzas espirituales en la rutina familiar?

3. ¿Qué asuntos has decidido priorizar y cuáles has optado por flexibilizar?

4. ¿Cómo demuestras a tu adolescente que estás presente y comprometido en su desarrollo?

Recuerda, con la guía divina y una dedicación constante, podemos ayudar a nuestros adolescentes a sortear estos años formativos, emergiendo como jóvenes adultos con una fe sólida y un carácter firme.

CAPÍTULO 18:

ETAPA DE RELACIÓN

¡Qué etapa tan emocionante! La etapa de relación sucede de los 16 años en adelante. En esta etapa se produce la transición de la autoridad a la amistad, y afirmamos visión y propósito. Ojo, no todos nuestros jóvenes maduran al mismo ritmo. Esta etapa la define la madurez emocional y espiritual, no tanto la edad.

Muchos de nuestros adolescentes creen que al cumplir 18 años se convierten en adultos listos para conquistar el mundo. Queremos que sean independientes, pero mientras vivan bajo nuestro techo, no son tan independientes como ellos creen. Es obvio para nosotros (aunque no tanto para ellos) que esa libertad total viene con la demostración de buenas decisiones.

La clave está en ir soltando las riendas poco a poco, observando cómo manejan esa nueva libertad. Nuestro papel va cambiando, pasamos de ser la voz de mando de la autoridad a ser más como un amigo y consejero. Jesús hizo algo similar.

"Ya no los llamo esclavos, porque el amo no confía sus asuntos a los esclavos. Ustedes ahora son mis amigos, porque les he contado todo lo que el Padre me dijo". Juan 15:15

El error más grande es asumir ese rol de amigo demasiado pronto. Hemos visto padres que tratan a sus hijos como amigotes y luego, cuando los problemas se ponen serios en la adolescencia, quieren retomar la autoridad. No funciona así. Primero, la autoridad; luego, la amistad. Ese es el orden natural. Para eso están las otras etapas: corrección de 0 a 5 años, formación de 6 a 10 años e instrucción de 11 a 15 años. Muchos se escandalizan porque digo que nos volvemos amigos de nuestros hijos, pero es una amistad singular porque incluye muchísimo respeto.

Nuestros jóvenes, al igual que cuando eran niños, necesitan toneladas de afirmación. El mundo allá afuera es duro, les exige ser esto o aquello. En casa, necesitan escuchar que su valor no depende de sus logros. Sí, alcanzar metas es genial, pero no define quiénes son. Su verdadero valor viene de ser hijos amados de un Padre celestial increíble.

Como padres, podemos ser su mejor apoyo o su peor pesadilla. Todo depende de si les damos esa afirmación y protección que necesitan o si, por el contrario, les mostramos rechazo o indiferencia. Y esto sigue siendo cierto incluso cuando están formando sus propias familias. Nunca dejamos de ser padres.

Lety y yo hemos disfrutado cada etapa con nuestros hijos, pero en especial su adolescencia y actualmente su juventud. El secreto es que invertimos mucho en ellos cuando eran pequeños. Esas primeras etapas fueron de trabajo duro, 24/7, corrigiendo, enseñando, guiando. Seguimos atentos en su adolescencia y juventud, pero ya tenían la base bíblica, los valores y hábitos para enfrentar la vida.

No, no son perfectos. Han tenido sus tropiezos y la vida les ha dado algunas lecciones duras. Pero gracias a Dios, hoy son muchachos apasionados que aman a Dios y a la gente. Para nosotros, como padres, eso es lo más importante.

"No permitas que nadie te subestime por ser joven. Sé un ejemplo para todos los creyentes en lo que dices, en la forma en que vives, en tu amor, tu fe y tu pureza. Hasta que yo llegue, dedícate a leer las Escrituras a la iglesia, y a animar y a enseñarles a los creyentes.

No descuides el don espiritual que recibiste mediante la profecía que se pronunció acerca de ti cuando los ancianos de la iglesia te impusieron las manos.". 1 Timoteo 4:12-14

ETAPA DE RELACIÓN

Confiamos en las promesas de Dios. A veces los resultados tardan más de lo que quisiéramos, pero Dios es fiel. La Escritura nos da una promesa condicional:

"Enséñale al niño a elegir el camino correcto, y cuando sea viejo no lo abandonará". Proverbios 22:6

DEBEMOS GUIAR A NUESTROS HIJOS HACIA UNA META ESPECÍFICA CON EXPECTATIVAS CLARAS

Ese «enséñale al niño» es para nosotros, no para la iglesia o la escuela. En el original hebreo es "*chanak*", que se traduce como «instruir», pero se trata de un término rico en significado: entrenar, disciplinar, dedicar. Es como dedicar un templo a Dios, así es de profundo. Debemos guiar a nuestros hijos hacia una meta específica con expectativas claras. Eso es entrenar. Disciplinar es cuidar que se mantenga dentro de los límites establecidos. Dedicar es hacer todo con la ayuda de Dios.

En esta etapa, como padres deberíamos tener muy claro el propósito de nuestros hijos. Como padres Dios nos da una idea clara del porqué de nuestros hijos, pero son ellos los que lo tienen que descubrir; esta es la etapa donde se inicia eso y es maravillosa.

Ser padre es un trabajo duro, pero la recompensa es increíble. Claro, hay que ser realistas, nuestros hijos se van de casa, toman sus propias decisiones y no siempre escogen el buen camino. Puede ser por nuestros errores o simplemente por su propio caminar. Pero si ese es tu caso, recuerda: no hay condenación en Cristo. No es para que te sientas un fracaso. Lo que no lograste antes, ahora puedes hacerlo en lo espiritual. Arrepiéntete si es necesario y dedícate a orar por ellos, declarando los propósitos de Dios sobre sus vidas.

Cada etapa que recorremos como padres trae sus desafíos y alegrías. Si solo recuerdan una cosa de lo que hemos visto, que sea esto: la mejor crianza combina expectativas claras y consecuencias consistentes con mucho, mucho amor y afirmación. Eso es lo que nos ha funcionado todos estos años.

A veces la gente nos dice: «Qué suerte, les tocaron buenos hijos». Pero como cualquier niño, tuvieron sus momentos difíciles, algunos realmente

157

LO QUE TUS HIJOS DEBEN SABER CUÁNTO ANTES

complicados. Eso nos motivó a buscar ayuda, a tomar cursos, a invertir tiempo y recursos en aprender a ser mejores padres.

Todo lo bueno cuesta, y con los hijos no hay precio demasiado alto. Ver a nuestros hijos caminando felices en el propósito de Dios... no tiene precio.

CAPÍTULO 19:

DUDANDO DE DIOS

Uno de los problemas más fuertes de esta generación es la incredulidad, no la duda. Una cosa es dudar de Dios y otra cosa muy diferente es estar influenciado por un espíritu de incredulidad. Para explicar esto, quiero abordar un tabú religioso: dudar de Dios es algo malo y reprobado, por lo cual Dios castiga. Pero quiero proponerte una perspectiva diferente basada en la Palabra de Dios y en mi experiencia personal.

LUCHANDO CON LAS DUDAS

En Mateo 28:16-17, leemos: "Entonces los once discípulos salieron hacia Galilea y se dirigieron al monte que Jesús les había indicado. 17 Cuando vieron a Jesús, lo adoraron, ¡pero algunos de ellos dudaban!». Los discípulos estaban «viendo a Jesús», pero estaban dudando al mismo tiempo.

Podemos tener tiempos muy cercanos con Dios y aun así dudar. En esos tiempos, podemos sentir en el presente que Dios es tan real que si alguien nos dice (incluyendo nuestra familia) que Dios no existe, seguimos firmes. Pero también hay momentos donde no sentimos a Dios y nos preguntamos: ¿por qué no siento a Dios? ¿Por qué no responde mis oraciones?

¿Será que Dios no es real? Ahí dudamos de Dios, no por una influencia demoníaca de incredulidad, sino porque somos humanos.

Con las dudas, queremos hacer preguntas, pero no las hacemos porque pensamos que nos van a regañar. Si esto nos pasa a nosotros, imagínate a nuestros hijos.

¿POR QUÉ DUDAMOS?

LAS DUDAS BIEN TRABAJADAS SON EL CAMINO PARA UNA FE MÁS FUERTE

A menudo, nuestras dudas surgen de preguntas que no podemos responder, situaciones que parecen injustas y daños que no podemos resolver. El problema es que, como cristianos, a veces hacemos las cosas aún peor. Pensamos que no tenemos derecho a dudar y muchas veces no tenemos la gracia para con aquellos que tienen dudas, llegando incluso a condenarlos. Pero cuando alguien tiene una duda sobre algo que los lastima o una duda teológica, ¡necesitan respuestas!

Considera que con dudas somos como «varas de madera». Algunas varas, si no se doblan, se van a romper. Cuando no recibimos respuestas a nuestras dudas creemos que nuestra única opción es alejarnos de Dios. Eso puede desencadenar la mentalidad de que Dios no es real. Pero aquí hay una buena noticia: las dudas bien trabajadas son el camino para una fe más fuerte. Tus dudas no tienen por qué alejarte de Dios; de hecho, pueden acercarte más a él. Como dice el dicho: *la fe más fuerte no es la fe que nunca duda, la fe más fuerte es la que crece a través de las dudas.*

UN VIAJE DE FE

Mi viaje de fe es una aventura hermosa. La mayoría de mis tíos son ingenieros, matemáticos, filósofos, personas muy intelectuales, que desde pequeño me enseñaron a tener un pensamiento crítico. Me considero una persona muy lógica, que cuestiona todo y que siempre pregunta:

¿por qué? Siempre he visto las cosas desde otra perspectiva, y esto muchas veces juega en mi contra, pero he aprendido que a esta forma de ser, Dios la ha utilizado para afirmar mi fe. El propósito de mi vida es mostrar e inspirar a todos que Dios es real, para esto nací. En este viaje he dudado, pero después de cada duda Dios me ha respondido y mi fe se ha fortalecido. Creo que esto ha jugado un papel fundamental en mi paternidad de mis hijos.

Es importante recordar que la fe es un viaje, no un destino. Desde niños, muchos crecemos en la iglesia, leemos la Biblia, pero a veces vemos contradicciones en nuestros hogares que nos generan preguntas. Por esa razón, tenemos que ser coherentes en nuestro hogar con nuestras creencias y acciones; si no lo hacemos, crearemos un ambiente de confusión en nuestros hijos. Cuando crecen nuestros hijos, les puede dar miedo hacernos estas preguntas, pero si se las van a preguntar a sus amigos y si sus amigos las responden mal, podrán terminar dañando su fe en Dios.

Pero igualmente, tener fe en Dios nos va a llevar a hacer preguntas difíciles, y la mejor forma de responder a estas preguntas es a través del ejemplo de vida. La vida de fe se pasa de generación en generación. Por eso, la iglesia y el hogar deberían ser los lugares más seguros para hacer preguntas difíciles.

LA HISTORIA DE TOMÁS

En la Biblia, un gran ejemplo de alguien que luchó con las dudas es Tomás, a menudo conocido como «Tomás el incrédulo». Pero creo que esta etiqueta es injusta. Tomás era simplemente humano, como nosotros. Era realista, había experimentado dolor y decepción en su vida. Así que cuando los otros discípulos le dijeron que habían visto a Jesús resucitado, él quería estar seguro.

En Juan 20:24-25, leemos: " Tomás, uno de los doce discípulos (al que apodaban el Gemelo), no estaba con los otros cuando llegó Jesús. Ellos le contaron: —¡Hemos visto al Señor! Pero él respondió:

—No lo creeré a menos que vea las heridas de los clavos en sus manos, meta mis dedos en ellas y ponga mi mano dentro de la herida de su costado.".

Tomás solo quería saber bien las cosas. Tener dudas no es algo malo. La pregunta es, ¿cómo respondió Jesús a las dudas de Tomás? La historia nos recuerda que Dios no está lejos de nosotros en nuestras dudas. Jesús no es un Salvador distante, ¡él dispone ser tocado por nosotros! Si te sientes lejos, ¡acércate a Jesús, él te está buscando!

DIOS EN NUESTRAS DUDAS

En una ocasión, fuimos al cine, y mientras mirábamos la película, Valentina, de 5 años colapsó. Su boquita se puso morada. Corrimos al hospital. El diagnóstico fue que una parte de su corazón no se había desarrollado y necesitaba una operación a corazón abierto. Eso no nos daba la garantía de que fuera a salir viva, y, si salía, iba a quedar como un vegetal.

Lety y yo estábamos sirviendo a Dios con todo (y hoy seguimos haciéndolo), pero este escenario me hizo poner el freno de mano y preguntarme: ¿Por qué si estoy sirviendo a Dios, él permite que le pase esto a mi hija? Me hizo dudar de muchas cosas. Mi pequeña estaba por morir y, según yo, Dios lo estaba permitiendo.

¿Qué hice? Llevé mi duda a Dios y me puse de acuerdo con Lety, mi esposa, para orar a Dios por un milagro. En un periodo de 24 horas, le hicieron múltiples estudios. En cada ultrasonido de alta definición, donde podíamos ver su corazón en tiempo real, orábamos para que Dios pusiera ese pedacito de corazón que le hacía falta.

El hospital trató de demandarnos por ser «padres irresponsables», porque pensaban que por negligencia no permitíamos la operación. Pero delante de los ojos de los doctores, en el último ultrasonido, ¡Dios hizo el milagro! Nadie puede negar que Dios es real porque hizo un milagro creativo en el cuerpo de mi hija. Cuando dudé, Dios no me alejó, se acercó a mí. Amigos: ¡Dios es real!

Cuando comenzamos a dudar, es momento de hablar de ello, de explorar, de preguntar. Si como cristianos no manejamos bien la duda, entonces, cuando alguien nos haga una pregunta, responderemos con una acusación y condenación. Y sin querer, ahuyentaremos a la gente.

DECONSTRUYENDO LA FE

Cuando las personas se alejan, algunos lo que están haciendo es deconstruir su fe. Hay una manera sana y otra tóxica de deconstruir. La manera tóxica destruye y lastima a la misma persona que deconstruye, y termina amargándola contra todos. Pero la deconstrucción sana trae avance espiritual. Es un examen sincero de tus creencias, tratando de dejar ir lo que es falso, para poder aferrarte a lo que es verdad. La deconstrucción bien hecha puede ser una forma de discipulado. De hecho, Jesús, en algunas ocasiones, ayudó a las personas a deconstruir sus creencias erróneas.

Deconstruir es destruir algo que no es verdadero y construir sobre lo que sí lo es. Jesús deconstruyó las creencias equivocadas de Pedro cuando este dijo que Jesús nunca debería sufrir y morir. Pedro necesitaba soltar lo que no era cierto y agarrarse de lo que era verdadero. Jesús vino como Mesías, como el Cordero, como el sacrificio máximo, y no como un rey conquistador. Logró la victoria a través del sacrificio, no de la conquista.

CONSTRUYENDO NUESTRO SISTEMA DE CREENCIAS

Necesitamos construir nuestro sistema de creencias correctamente, basándonos en la Biblia, la Palabra de Dios. Pero a menudo lo construimos en base a cómo se enseña la Biblia en la iglesia, cómo nuestra familia interpreta la Biblia, y cómo nuestra comunidad y amigos entienden la Biblia. Traemos nuestros propios filtros y los aplicamos a la Biblia y a la fe.

Algunas de las creencias que tenemos sobre Dios son verdaderas, ¡pero otras no! Cuando descubres que hay partes de lo que crees que no son ciertas, no tienes que dejar la fe, tienes que dejar ir lo que no es cierto. No creer lo que no es cierto, pero perseguir lo que es verdadero. La clave está en enfocarnos en Jesús. Leer la Biblia con la lente del amor de Jesús. Nuestro objetivo no es ser correctos, nuestro objetivo es ser amorosos.

En algún tiempo yo aprendí una forma de liderazgo cuyo resultado lastimaba a las personas. Pero gracias a Dios, deconstruí mi estilo de liderazgo y fui a la Biblia. Ahí encontré un liderazgo según Jesús, el cual hoy me ayuda a liderar a mi familia, iglesia y empresa.

LA HISTORIA DE PEDRO

Muchos de nosotros podemos identificarnos con Pedro. Él también dudó, incluso negó a Jesús tres veces. Pero después de la duda de Pedro, después de haberlo negado, Jesús vino a él en Juan 21 y le preguntó tres veces: «Simón... ¿me amas?» Y cada vez que Pedro respondía que sí, Jesús le decía: «Cuida de mis ovejas».

¿A quién eligió Dios para predicar en Pentecostés? ¡A Pedro!, cuya fe se construyó después de sus dudas. La duda no es el enemigo de la fe. La duda es a menudo una invitación a una fe creciente.

Pedro escribió alrededor de treinta años después de haber sido perdonado: «Antes eran como ovejas que andaban descarriadas. Pero ahora han vuelto a su Pastor, al Guardián de sus almas." 1 Pedro 2:25.

Pedro sabía de primera mano que el amor, la gracia y la misericordia de Jesús siempre están ahí, aun con nuestras dudas.

LAS DUDAS

Y LA IGLESIA

Nuestros hijos tienen que saber que los cristianos los pueden decepcionar, y a esto debemos abordarlo con sabiduría. Cuando nuestros hijos se quejan sobre la iglesia, dicen que los cristianos son cerrados de mente, juiciosos e hipócritas. Ellos dudarán de Dios, porque nos reclaman que decimos una cosa pero vivimos otra.

Trágicamente, cuando mucha gente piensa en la iglesia, piensan en escándalos, abusos, corrupción, hipocresía, juicios y odio. Si Jesús está lleno de gracia y verdad, ¿por qué tantos cristianos parecemos estar llenos de odio, mentiras e hipocresía?

Brennan Manning escribió: la mayor causa de ateísmo en el mundo de hoy son los cristianos que reconocen a Jesús con sus labios, pero luego salen por la puerta y lo niegan con su estilo de vida. Eso es lo que un mundo incrédulo simplemente encuentra increíble.

A Jesús jamás le gustó cuando alguien decía algo y no lo vivía, es decir, cuando era hipócrita. Jesús nunca habló con mayor dureza a nadie que a los hipócritas. Jesús no estaba denunciando el pecado, estaba llamando el espectáculo de sus contradicciones y su actuación.

¿Por qué tantos nos equivocamos y decepcionamos a nuestros hijos? Hay varias razones:

1. Algunos padres que afirman ser cristianos no son realmente cristianos.

2. Algunos son padres cristianos, pero no son maduros.

3. Algunos son padres cristianos maduros, pero todavía se equivocan.

Nuestros hijos tienen que saber que Dios es real. Es vital que lo crean y lo experimenten. Con esta verdad, sus vidas están aseguradas aun si nosotros no estamos presentes. Hay algunas maneras que ciertas personas usan para comprobar que Dios es real. Por ejemplo: la creación, los diferentes testigos a lo largo de la historia de la humanidad, su propia palabra, la Biblia. Pero nada va a ser más poderoso para esto que nuestro propio ejemplo de vida, nuestra historia, nuestro testimonio.

Por esa razón, debemos acercarnos más a Jesús; Dios tiene que ser real para nosotros, tenemos que creerlo, experimentarlo. Repasa tus dudas, examina tus creencias y que Dios sea real para ti; así lo será también para tu descendencia.

Te sugiero que en tu hogar diseñes un lugar o espacio seguro para que tus hijos expresen sus dudas y hagan preguntas. Esto es crucial para su desarrollo espiritual.

¿CÓMO LOS NIÑOS PUEDEN EXPRESAR SUS DUDAS?

1. A través de preguntas directas: «¿Por qué Dios permite que pasen cosas malas?», «¿Cómo sabemos que Dios es real?», etc.

2. Expresando confusión o incertidumbre: «No entiendo por qué...», «No estoy seguro de...», etc.

3. Cuestionando la relevancia de la fe en su vida: «¿Por qué tengo que ir a la iglesia?», «¿Qué diferencia hace creer en Dios?», etc.

4. Comparando las enseñanzas cristianas con lo que aprenden en la escuela, de sus amigos o de los medios.

5. Expresando dudas a través de su comportamiento o emociones, como alejarse de las actividades espirituales o mostrar frustración.

Así mismo quiero darte unos principios y enfoques para que cuando vengan estas preguntas estemos listos. Aquí, nosotros mismos vamos a ser desafiados en nuestro estilo de vida a inspirar y demostrar que Dios es real:

1. Escuchar sin juzgar: cuando tu hijo exprese una duda, resiste el impulso de reaccionar con shock o desaprobación. Escucha con empatía y trata de entender de dónde vienen sus dudas.

DUDANDO DE DIOS

2. Validar sus sentimientos: reconoce que es normal y aceptable tener dudas. Dile a tu hijo que aprecias su honestidad y que no piensas menos de él por hacer preguntas.

3. Admitir cuando no tengas todas las respuestas: está bien decir «no lo sé» o «esa es una pregunta difícil con la que yo también he luchado». Esto muestra humildad y que la fe es un viaje, no un destino.

4. Buscar respuestas juntos: ofrécete a explorar juntos las preguntas de tu hijo. Busquen pasajes relevantes de la Biblia, lean libros o artículos de fuentes confiables, o busquen el consejo de líderes espirituales respetados.

5. Compartir tus propias experiencias: sé abierto sobre tus propias dudas y cómo has lidiado con ellas. Esto muestra a tu hijo que no está solo y que dudar puede ser parte del crecimiento espiritual.

6. Orar con y por tu hijo: lleva las dudas de tu hijo a Dios en oración. Pídele a Dios que les dé a ambos sabiduría, comprensión y paz en medio de la incertidumbre.

7. Enfatizar el amor y la fidelidad de Dios: recuérdale a tu hijo que incluso cuando tenemos dudas, Dios nos ama y es fiel. Nuestras dudas no cambian quién es Dios o cómo se siente él con respecto a nosotros.

8. Seguir involucrando a tu hijo en la fe: incluso si tu hijo está luchando con dudas, sigue invitándolo a participar en la oración, la adoración, el servicio y otras actividades espirituales. Esto muestra que su fe y su participación son valoradas, independientemente de sus dudas.

9. Compartir historias y testimonios de cuando Dios se ha hecho real para ti: nada es más poderoso que eso. Créeme, a ellos les va a encantar escuchar de primera mano cómo tú has experimentado a Dios.

Lo más importante es crear una atmósfera de gracia, de apertura y de honestidad en tu hogar. Cuando tus hijos saben que pueden acudir a ti con sus preguntas y dudas sin temor a ser juzgados o rechazados, estarán más inclinados a mantener un diálogo sobre su fe a largo plazo.

LO QUE TUS HIJOS DEBEN SABER CUÁNTO ANTES

El objetivo no es tener todas las respuestas, sino caminar junto a tu hijo en su viaje de fe, apuntando a la fidelidad y al amor de Dios. A medida que naveguen por las dudas, con apertura y gracia, es probable que ambos emerjan con una fe más profunda y auténtica.

A medida que navegamos por el viaje de la fe con nuestros hijos, inevitablemente nos enfrentaremos a desafíos y dudas. Pero con Dios como nuestro guía, y con un compromiso de crear un espacio seguro para un diálogo honesto, podemos transformar estos desafíos en oportunidades para un crecimiento más profundo para nosotros y nuestros hijos. La certeza de que Dios es real es el fundamento sobre el cual podemos construir una fe fuerte en ellos.

ORACIÓN:

Padre celestial, gracias porque tu amor, tu gracia y tu misericordia siempre están ahí para nosotros, incluso cuando dudamos. Ayúdanos a traer nuestras preguntas y luchas a ti, sabiendo que no nos condenarás, sino que nos ayudarás. Danos sabiduría mientras examinamos nuestras creencias, para que podamos dejar ir lo que es falso y aferrarnos a lo que es verdadero. Y, sobre todo, ayúdanos a mantener nuestros ojos fijos en Jesús, el autor y consumador de nuestra fe. Danos sabiduría para crear un lugar seguro en nuestro hogar. Declaramos que tú eres real para nosotros, y tú eres real para nuestras generaciones. En el nombre de Jesús oramos, amén.

CAPÍTULO 20:

CONOCIENDO A DIOS COMO PADRE

Quiero comenzar contándoles de José Luis López Priego. Muchos lo llaman "arquitecto", otros "pastor" o "apóstol". Yo lo llamo "papá". Es un hombre maravilloso, y tengo la bendición de poder convivir con él. Es un hombre que, para mí, es un ángel que Dios me envió. Espero y oro para que a lo largo de mi vida yo pueda ser siquiera el 5% de lo que él es. Cada día aprendo más de él.

Pero también tengo que contarles que él no es mi papá biológico, sino que fue quien tomó la decisión de adoptarme. Y eso para mí es un orgullo. Cuando somos padres biológicos y engendramos, llega el momento del parto y ya no hay devoluciones. Pero en la adopción, tú escoges, y él me escogió a mí.

MI HISTORIA

Yo no sabía que era adoptado hasta que tuve 14 años, casi 15. No es que lo tenga presente, pero precisamente un 16 de octubre a las 4:00 pm (no es broma), a la vuelta de mi casa, unos vecinos me invitaron a entrar a su casa. Esos vecinos (no entiendo hasta el día de hoy cuál fue su motivación) me empezaron a decir que mi papá no era mi papá, que yo era adoptado. Hoy pienso que quizá querían lastimarme. Escuchar ese relato me causó una confusión muy grande. No podía concebir lo que me estaban diciendo.

Salí de ahí a seguir jugando al fútbol, y en la noche procesé la información. El enemigo tomó ventaja y empezó a decirme: «Por esa razón, desde pequeño te pega tan duro, por esa razón te corrige tan fuerte». Y como que me llegó la convicción: "Ya entendí, soy adoptado. Él no es mi papá, por eso me ha tratado así". Por otro lado, se despertó un deseo de conocer quién era mi padre biológico, cosa que nunca se cumplió.

Después de venir de un encuentro, mi mamá me dijo: «Rox, quiero hablar contigo... Necesito decirte algo». Se frotaba las manos... «¿Qué pasó?», le pregunté, pensando que había pasado algo con alguien de la iglesia. Fui a su habitación, mi papá estaba sentado en la cama; nada más le pude ver la espalda. Pensé: «No, no vaya a ser que se pelearon. ¿Qué pasó?» No entendía cuál era el drama y el misterio. Entonces mi mamá comenzó: «Cuando yo estaba en la panza de tu abuelita...» La historia siguió. "Y pues la verdad es que de joven esto y lo otro". Me dieron largas por aquí, por allá y lo capté. Mi papá, sentado, no decía nada, como si estuviera avergonzado. Y le dije a mamá: «Mami, a ver, a ver, ya lo capté. ¿Me quieres decir que él no es mi papá?» Mi mamá solo lloraba. La abracé. Luego le agarré la mano a mi papá y le dije: «Tú eres mi papá».

Creo que ellos pensaban: «No sabemos cómo va a reaccionar». Pero la realidad es que terminé diciéndoles, sobre todo a mi papá: «Tú eres mi papá. Y a mí no me importa quién haya puesto la semilla biológica, tú eres mi verdadero papá». Y a mi mamá: «No tienes por qué preocuparte ni avergonzarte. A esto yo lo sé desde que tenía 14 años».

En ese entonces yo tenía 20. Y mi mamá me preguntó: "¿Cómo?". Le conté la historia y me dijo: «¿Y todo ese tiempo lo has sabido y nunca nos dijiste nada? ¿Por qué?" Le conteste. "En su momento me hizo daño, pero luego Dios suplió esa área de mi vida. Y no tenía nada que reclamar, porque yo sabía que de alguna manera iba a ser algo doloroso para ti e incómodo para papá. Y no tengo el corazón ni para causarte dolor ni para incomodarlo a él. Tú eres mi mamá, él es mi papá. Asunto resuelto. Vamos a comer porque tengo hambre».

Cuento esta historia porque quizá muchas personas tengan situaciones parecidas de nuestro pasado relacionadas con la paternidad. Pero la Biblia dice:

"Y yo seré su Padre, y ustedes serán mis hijos e hijas, dice el Señor Todopoderoso". 2 Corintios 6:18

CÓMO RESOLVER LOS PROBLEMAS DE PATERNIDAD

Vamos a tratar con el pasado para que podamos abrazar el futuro. Hay muchas personas que no pueden entrar a este futuro glorioso que Dios tiene para sus vidas porque no han solucionado cosas de su pasado.

Lo que he aprendido es que hay cosas en nuestra infancia y en nuestro pasado que, si no las confrontamos, nunca las podremos cambiar. No cambiamos lo que toleramos; solo cambiamos lo que confrontamos.

Amigos, no es que Dios no nos ame, ni tampoco que no pueda cambiarnos, sino que hay cosas de nuestro pasado que nosotros no hemos permitido que Dios las trabaje, porque no las queremos confrontar y tampoco queremos aprender de nuestros errores del pasado. El problema es como dijo George Santayana: «Si no aprendemos del pasado, estamos condenados a repetirlo».

Vamos a hablar de cosas «pesadas», y quizás haya incomodidad en algunos de los puntos que abordaremos. Pero quiero invitarte a ir a este viaje de nuestra vida, donde nadie nos va a presionar. Es un viaje de libertad, donde nuestro Padre nos hará libres.

Los problemas de paternidad producen todos los comportamientos incorrectos que vemos alrededor nuestro, en las personas con las que convivimos, y, por supuesto, incluyendo a nuestros hijos. Lo más probable es que los padres de personas con esos comportamientos hayan tenido las mismas carencias, y simplemente estas se repitieron en sus hijos. Todos tenemos cosas que nos pasaron en nuestra infancia que, si no las confrontamos, permaneceremos siempre atados a ellas y, peor aún, las legaremos a nuestros hijos.

Por esa razón, los hijos revelan al padre. Mis hijos me enseñan más que cualquier predicador. Ser papá o mamá es una bendición gigante, pero igualmente es un desafío. Si nos fijamos bien, nuestros hijos son grandes maestros para nuestra vida. Nos enseñan mucho acerca de nosotros mismos, pero más nos enseñan acerca de Dios. Ver a nuestros hijos nos hace recordar sucesos de nuestra infancia.

Desde niños y hasta la fecha, he visto todo lo que hacen mis hijos. Sin decir palabra, ellos quieren que yo los vea. Por ejemplo, un día, de niños, me llamaron desde el otro lado de la habitación, y cuando entré estaban dando vueltas sin sentido, y me decían: "¿Ya viste papa?..." ¿Por qué quieren que los vea? ¿Qué quieren escuchar de mí? Ellos quieren oír la siguiente frase: «Estoy orgulloso de ti».

En una ocasión, mi hijo me pidió entrar a un equipo de fútbol en nuestra ciudad, Villahermosa. Fui a verlo jugar, pero durante todo el partido solo podía ver su mirada buscándome entre las gradas, dándome a entender que para él era súper importante que viera cómo jugaba. De igual manera, cuando mi hija Valentina empezó a cantar, tengo el vívido recuerdo de cómo ella me buscaba con la mirada, para ver si yo estaba viendo cómo cantaba. ¿Por qué? «Dentro de cada ser humano hay una necesidad de ser aceptado, hay un hambre por la aprobación». "Papá, mamá: ¿lo estoy haciendo bien?". "Papá, mamá: ¿me estás viendo?". "Papá, mamá: ¿me amas?".

Hay dos necesidades básicas como seres humanos:

1. Todos necesitamos ser necesitados.
2. Todos necesitamos ser conocidos.

Ya de adultos, nos preguntamos: "¿Alguien me está viendo?". "¿Alguien me necesita?". "¿Alguien está orgulloso de mí?".

Quiero recordarles a todos que hay un Dios, y que es nuestro Padre, y que ese Padre nos dice:

- Te veo.
- Te necesito.

- Estoy orgulloso de ti.

Esto nos lleva a la pregunta de este día: ¿cómo vemos a Dios? Porque todos tenemos una visión de Dios diferente y quizá incorrecta. «Tendemos, por una ley secreta del alma, a movernos hacia nuestra imagen mental de Dios». Sí, todos tenemos una imagen de Dios, pero ¿tenemos la imagen correcta de Dios?

He aprendido que «la manera en que percibimos a Dios es la manera en que recibimos a Dios» (A. W. Tozer). Líderes, padres y cualquier otra persona que tenga la responsabilidad de tener gente a su cargo: «La manera en que percibimos a Dios es la manera en que revelamos a Dios a los demás».

Si estamos convencidos de que Dios está enojado, no nos vamos a acercar a él. Si ayer hicimos algo que sabemos que está mal, y lo vemos como un juez condenatorio, algo me dice que no vamos a dejar que él nos perdone, restaure y desarrolle. Si vemos a Dios como alguien pasivo, nada dentro de ti querrá involucrarse con él.

¿Cómo percibes a Dios? Dios se quiere revelar correctamente hacia nosotros.

Una vez, fui a un retiro de hombres por unos días y acampamos al aire libre. Recuerdo que, a la noche, lejos de la civilización, donde no había ni siquiera luz eléctrica, pude ver el cielo totalmente despejado. Pude ver estrellas que normalmente no puedo ver en la ciudad, y eso me hizo reflexionar en cómo Dios se revela en nuestras vidas, en la naturaleza y la creación. La Biblia dice en Romanos 1:19-20: «Ellos conocen la verdad acerca de Dios, porque él se la ha hecho evidente. Pues, desde la creación del mundo, todos han visto los cielos y la tierra. Por medio de todo lo que Dios hizo, ellos pueden ver a simple vista las cualidades invisibles de Dios: su poder eterno y su naturaleza divina. Así que no tienen ninguna excusa para no conocer a Dios.".

¡Mira para arriba! Hay una creación hermosa, ¡debe haber un Creador! Al ver la creación y concluir que hay un Creador, se nos revela que tenemos un origen. El origen es de dónde venimos, nuestra procedencia, nuestras raíces. «No venimos de algún lado, venimos de alguien».

No hay excusa, al ver la creación podemos concluir que hay un Dios, un Creador, y que él es nuestro origen. Entonces, Dios quiere revelarse a nosotros. Pero ¿cuál es nuestra revelación de Dios? Al leer la Biblia y conocer de Dios, vamos a ver que él se revela de una manera muy específica.

En Hebreos 1:1-3 se nos dice: «Hace mucho tiempo, Dios habló muchas veces y de diversas maneras a nuestros antepasados por medio de los profetas. Y ahora, en estos últimos días, nos ha hablado por medio de su Hijo. Dios le prometió todo al Hijo como herencia y, mediante el Hijo, creó el universo. El Hijo irradia la gloria de Dios y expresa el carácter mismo de Dios, y sostiene todo con el gran poder de su palabra. Después de habernos limpiado de nuestros pecados, se sentó en el lugar de honor, a la derecha del majestuoso Dios en el cielo".

Jesús es la imagen viva de quién es Dios. Quiere decir que, si queremos saber quién es Dios, solo tenemos que ver a Jesús.

En Juan 14:8-9 leemos: «Felipe le dijo: —Señor, muéstranos al Padre y quedaremos conformes. Jesús respondió: —Felipe, ¿he estado con ustedes todo este tiempo, y todavía no sabes quién soy? ¡Los que me han visto a mí han visto al Padre! Entonces, ¿cómo me pides que les muestre al Padre?".

- Si queremos saber cómo es Dios, veamos a Jesús.
- Si queremos saber cómo suena Dios, escuchemos a Jesús.
- Si queremos ver una imagen correcta y apropiada que describa perfectamente a Dios, veamos a Jesús.
- Si queremos tener una imagen mental correcta de Dios, no hay nada mejor que ver a Jesús.

Por eso Jesús dijo en Juan 14:6-7: "Jesús le contestó: —Yo soy el camino, la verdad y la vida; nadie puede ir al Padre si no es por medio de mí. Si ustedes realmente me conocieran, también sabrían quién es mi Padre. De ahora en adelante, ya lo conocen y lo han visto.".

Jesús es la representación, la plenitud, de Dios. Jesús irradia la gloria de Dios, todo el universo está en él.

CONOCIENDO A DIOS COMO PADRE

¿Cómo nos enseña Jesús a relacionarnos con Dios? Jesús continuamente refuerza el concepto de que «Dios es nuestro Padre». Jesús dice: "Si quieres tener la imagen mental correcta de Dios, eso sería que Dios es nuestro Padre".

«Resumimos todo el cristianismo si lo describimos como el conocimiento de Dios como nuestro Padre» (J. I. Packer). Si queremos saber lo bien que una persona entiende el cristianismo, averigüemos qué tanto piensa esa persona en ser hijo de Dios y en tener a Dios como su Padre. Si no ese el pensamiento que estimula y controla su adoración, su oración y su visión de la vida, significa que no entiende bien a Dios y al cristianismo.

J. I. Packer escribió, «'Padre' es el nombre cristiano para Dios». Nos relacionamos con Dios como Padre, él es nuestro papá.

En una ocasión iba por los pasillos de la iglesia y me encontré con un grupo de niños que estaba jugando. Tomé la decisión de decirles: ¡estoy muy orgulloso de ustedes! Y ellos me respondieron: "pero por qué, si no hicimos nada".

Muchos de nosotros nos comportamos así en la vida. Pensamos que necesitamos hacer algo, tener un gran logro, para que Dios se sienta orgulloso de nosotros. Intentamos actuar para Dios, pero para él, el solo hecho de que seamos sus hijos hace que esté orgulloso de nosotros. Lo vemos en Jesús, en su vida, y en cómo se aplica a la nuestra.

En Lucas 3:21-22 leemos: «Cierto día, en que las multitudes se bautizaban, Jesús mismo fue bautizado. Mientras él oraba, los cielos se abrieron, y el Espíritu Santo, en forma visible, descendió sobre él como una paloma. Y una voz dijo desde el cielo: «Tú eres mi Hijo muy amado y me das gran gozo".

El Padre ya estaba orgulloso de Jesús antes de siquiera hacer un milagro.

¿Qué estás haciendo para suplir esa necesidad de aceptación y de ser reconocido? No necesitamos actuar para Dios, porque Dios ya está orgulloso de nosotros.

Dios es nuestro Padre y está orgulloso de nosotros. Hoy, el propósito es que lo veamos como nuestro Padre. Que lo conozcamos, que nos relacionemos como con un Padre, porque cuando no vemos a Dios correctamente, siempre nos veremos a nosotros mismos incorrectamente.

Vamos a reclamar nuestra identidad como hijos, como hijas, como niños de Dios. No hay título más poderoso en esta tierra que el título de hijo de Dios.

Mi frase en redes sociales es: "hijo de Dios, los demás no importa".

Cuando se nos revela que somos hijos de Dios, sucede que:

- Todo nuestro deseo vehemente de aceptación se satisface.
- Todo nuestro deseo compulsivo de ser reconocidos se satisface.
- Todo nuestro deseo desesperado de ser vistos se satisface.

Comienza siendo lleno a través de sus palabras, de su abrazo. Así conocemos a Dios; esta es la revelación más importante después de que Jesús es nuestro Salvador:

- Dios es nuestro Padre.
- Nosotros somos sus hijos.
- Nuestro Padre nos ama.

Mi esposa me contó que en una ocasión quiso hacerle un regalo a su papá, mi suegro Rafael. Compró un perfume y estaba esperando ansiosamente que su papá regresara. Cuando él llegó, de la emoción, ella salió corriendo a entregarle el perfume, pero se tropezó, se le cayó la botella y esta se rompió en mil pedazos. El líquido se derramó, pero mi suegro se agachó, empapó su mano con el líquido y se lo puso en la cara y le agradeció por ese regalo. Mi esposa jamás en su vida olvidará cómo la hizo sentir como hija, a pesar de que sus intentos de agradecerle fallaron.

Esta acción no fue porque el perfume hubiese sido bueno o el mejor, sino porque ella es su hija. «Dios no necesita que actuemos, él solo quiere nuestra presencia». Solo quiere estar con nosotros, no necesitamos lograr nada, solo que estemos con él.

Dios no se preocupa por nuestros logros, se preocupa por quiénes somos, en quiénes nos estamos convirtiendo.

CONOCIENDO A DIOS COMO PADRE

En Juan 1:10-13 leemos: «Vino al mismo mundo que él había creado, pero el mundo no lo reconoció. Vino a los de su propio pueblo, y hasta ellos lo rechazaron; pero a todos los que creyeron en él y lo recibieron, les dio el derecho de llegar a ser hijos de Dios. Ellos nacen de nuevo, no mediante un nacimiento físico como resultado de la pasión o de la iniciativa humana, sino por medio de un nacimiento que proviene de Dios.".

- Dios es nuestro Padre.
- Nosotros somos sus hijos.
- Nuestro Padre nos ama.

Hoy, mi oración es que conozcamos a Dios como Padre. Cuanto más conozcamos a Dios como un buen Padre, más cambiará nuestra perspectiva, y abrazaremos un futuro lleno de esperanza.

Él tiene buenos planes para nosotros; no tenemos que actuar para él, solo estar con él. Dios está orgulloso de nosotros, pero no por nuestros logros. Dios está orgulloso de nosotros solo porque somos sus hijos.

Él es nuestro *Abba*.

En el amor no hay temor; no somos esclavos, somos hijos. Libres de todo por su amor... Libres de adicciones, ataduras, todo. Estamos buscando algo que solo Papá nos da.

CAPÍTULO 21:
RELACIONÁNDONOS CON NUESTRO PADRE CELESTIAL

En una ocasión, mi papá y yo viajamos a otro país para servir en una cruzada de milagros. Uno de los amigos de mi papá estaba sentado con él desayunando; yo llegué y me senté con ellos a la mesa. En la tarde perdí de vista a mi papá, y le pregunte a su amigo: "¿Ha visto a mi papá?" Y él me respondió: "Te refieres al Apóstol". Yo le decía: "Sí, a mi papá". Y él repetía: "Al Apóstol". Entendí que él se sentía ofendido por que yo le dijera papá y no apóstol. Entonces le dije: "Sí, al Apóstol José Luis". "Aquí está, a la vuelta, me indicó". Luego le conté a mi papá y nos reíamos del suceso.

Louie Giglio lo dijo bien: «Dios no es un reflejo de nuestro padre terrenal, Dios es la perfección de nuestro padre terrenal". No podemos relacionarnos con un Dios que no conocemos y que no queremos conocer como tal y como él es. Él es un Padre. Jesús es el camino a Dios, y nos enseñó cómo relacionarnos con Dios. Nos enseñó que Dios es nuestro Padre.

En Mateo 6:6, 9 leemos: «Pero tú, cuando ores, apártate a solas, cierra la puerta detrás de ti y ora a tu Padre en privado. Entonces, tu Padre, quien todo lo ve, te recompensará. [...] Ora de la siguiente manera: Padre nuestro que estás en el cielo, que sea siempre santo tu nombre".

Hoy en la actualidad diríamos: «¡Hola, papá!»

Si vemos a Jesús una y otra vez, la verdad que él quería comunicar es que Dios es nuestro Padre. Esto no quiere decir que Dios no sea nuestro Rey, el Alfa y Omega, la Rosa de Sarón, el Lirio de los valles, etc. Él es todo eso, pero «Jesús nos enseña a relacionarnos con Dios como Padre».

- Él es un Padre Justo.
- Él es un Padre Misericordioso.
- Él es un Padre Bueno.
- Él es un Padre Apasionado.

En Romanos 8:15 se nos dice: «Y ustedes no han recibido un espíritu que los esclavice al miedo. En cambio, recibieron el Espíritu de Dios cuando él los adoptó como sus propios hijos. Ahora lo llamamos «Abba, Padre»".

«Cuando digamos 'Dios', deberíamos pensar en un Padre». Ahora, sé que en la actualidad, cuando decimos y pensamos en un padre, se activan ciertas cosas que no son del todo buenas. Hay recuerdos, sentimientos, nostalgias encontradas.

La realidad hoy en día es que, aunque sabemos que Dios es nuestro Padre, tenemos su paternidad bloqueada. La razón por la cual tenemos bloqueado el ver a Dios como Padre es porque hemos tenido una mala experiencia con nuestro padre terrenal.

¿Qué es lo que ha estado bloqueando la paternidad en nuestras vidas? Nuestros padres terrenales han estado bloqueando nuestra imagen mental del Padre Celestial. ¿Por qué? Porque se han quedado cortos en ser y en darnos lo que hemos necesitado. Y sin querer, bloquean la imagen correcta de Dios Padre para nosotros.

Amigos, toda la humanidad tiene la necesidad de una relación con su papá. Y más con nuestro Padre Celestial. Pero muchos de nosotros ni siquiera lo sabemos, o pensamos que no es así, porque tenemos lo que se llama un bloqueo de la paternidad.

RELACIONÁNDONOS CON NUESTRO PADRE CELESTIAL

Nuestra cultura ve los problemas de paternidad como una broma, pero hay una connotación muy seria en esto. La realidad es que cada uno de nosotros tiene algún problema con la paternidad. Y muchos sentimos que somos padres insuficientes, malos; la razón es el *bloqueo de la paternidad.*

El bloqueo y las heridas de la paternidad empiezan en el alma, al no ser afirmados por nuestro padre terrenal. Por lo general, la paternidad es un área de nuestra vida donde hay una ausencia o donde se ha negado lo que más deseábamos, que es «tener una relación de calidad con nuestro padre terrenal». Lo peor es que ha creado un dolor y un bloqueo en nuestro corazón que está afectando nuestra vida y el resto de nuestras relaciones. Amigos, «nunca vamos a entender lo que Dios puso en nosotros sin la paternidad».

Nunca nos vamos a sentir completos, amados, realizados, vistos ni necesitados debido al bloqueo de la paternidad. El bloqueo está porque hemos tenido diferentes experiencias con nuestros padres terrenales. Esto es algo que nadie quiere tocar, pero tenemos que confrontar esto para encontrar sanidad en nuestras vidas y relaciones.

Estos son los diferentes tipos de padres terrenales:

1. Un papá trágico: simplemente, tu papá no estuvo ahí contigo, no lo conociste nunca. Por cualquier razón, a lo mejor estaba muerto, se fue, no supo que tú existes o murió prematuramente. Realmente tienes recuerdos de él porque te han dicho cosas de él. Pero simplemente no estuvo ahí, no lo conoces, es trágico. La herida y el bloqueo que genera un papá trágico es que «andas en busca de algo más, teniendo algo increíblemente hermoso en tu vida». Por eso ninguna persona, iglesia o trabajo te es suficiente. Por esa razón eres infiel, aunque juras no serlo, y ves pornografía. Por eso les pones demandas excesivas a todos, porque sientes que algo te falta. Por esa razón exiges a tus amigos y a tu pareja que «hagan más», porque piensas que hay algo que «falta». Por eso abandonas antes de que te abandonen. Por esa razón no hay compromiso en tu vida ni en tus relaciones, porque según tú, algo falta. Porque tu padre fue trágico (no significa que haya sido malo), sino que la historia con él fue y es

trágica. Entonces, tu vida y tus relaciones son trágicas, y ves a Dios como algo trágico.

2. Un papá terrible: tu papá, simplemente, fue terrible. A lo mejor fue un alcohólico, viste eso y aprendiste cosas malas de él. Tal vez abusaba de tu madre, o quizá él solamente te trajo a este mundo y ya. Nunca estuvo emocionalmente contigo. Estuvo presente en cuerpo, pero ausente en sentimientos y emociones. Fue un papá terrible en todas las áreas en que lo necesitabas, y lleno de malos ejemplos. El bloqueo y la herida que genera un papá terrible es que «destruyes todo a tu paso y echas a perder todo lo increíblemente hermoso en tu vida». Muchos padecimos el dolor más grande de nuestras vidas por causa de nuestro padre terrenal (abusos, violaciones, palabras y golpes). ¿Cómo vamos a querer llamar y conocer a Dios como Padre cuando la imagen que tenemos de un padre es terrible? Por esa razón, buscas problemas y pleitos aunque no haya ninguna razón. Por esa razón, eres adicto al drama. Por esa razón, tus negocios y proyectos son boicoteados por tú mismo. Por esa razón, recreas los ambientes hostiles que experimentaste con tu papá. Y por esa razón lastimas tan fuertemente a los que amas, porque así también lo hizo tu papá contigo. Tu padre fue terrible, entonces tu vida y tus relaciones son terribles. Y ves a Dios como un Dios terrible, que quiere abusar de ti como lo hizo tu papá.

3. Un papá duro: a lo mejor tu papá fue duro, pesado y exigente, y siempre haciéndote sentir que no dabas la talla. Siempre exigiendo, nunca lo pudiste agradar, y siempre quedaste mal con él. Un papá que se sentía más como un enemigo que como un protector. El primer bloqueo y herida que genera este tipo de padres duros es que «jamás te sientes a la altura de nadie y dejas que aplasten tu esencia». Por esa razón, buscas para ti el mismo patrón de parejas abusivas. Por esa razón, si no hay abuso hacia ti, dejas esa relación «porque la sientes aburrida». Por esa razón, tienes una fijación con los chicos malos. Por esa razón confundes el amor real con sexo, el amor real con pasión tóxica. El segundo bloqueo y herida que genera un padre duro es que «te sientes con derecho de aplastar y hacer pedazos la vida de las personas, y no descansas hasta aplastar

RELACIONÁNDONOS CON NUESTRO PADRE CELESTIAL

su esencia». Por esa razón, buscas personas y parejas sin identidad a las que puedas manipular y rebajar. Por esa razón, encuentras cierto placer en lastimar emocionalmente a alguien. Por esa razón, nadie te es suficiente y buscas «algo más fuerte». Como resultado, hay infidelidad y perversiones. Piensas que ese es el sabor de la vida. Porque tu padre fue duro, entonces tu vida y tus relaciones son duras e intensas. Ves a Dios como alguien duro e imposible de complacer, pensando que primero debes de ser perfecto y luego podrás acercarte a él.

4. 4. Un papá suave: este es un papá dulce pero suave, que no te enseñó convicciones personales. No te enseñó cómo ponerte de pie ante las caídas de la vida. No te enseñó a permanecer firme ante lo que creías. No te enseñó a defender tus valores y creencias. Fue tan suave contigo que hoy te das cuenta de que eso te hizo daño. El bloqueo y la herida que genera un papá suave es que «no tienes voz alguna en las decisiones de tu vida ni de pareja, y no existe un código de vida a seguir». Por esa razón, aunque tu vida y tus relaciones son un caos, no quieres darte cuenta. La vida simplemente te sucede, y no haces nada por cambiar nada. Por esa razón, tu personalidad cambia dependiendo del lugar, los amigos y la pareja que tengas. Por esa razón no te conoces a ti mismo, y asumes que los demás o tu pareja sí te conocen. Por esa razón, no puedes terminar relaciones y ciclos tóxicos. Por esa razón, puedes andar con alguien que no cree en Dios y que no sigue a Jesús, porque para ti no es importante, y aunque tú sí amas a Dios y le crees, no tienes la fuerza para decírselo a nadie. Como tu padre fue suave, entonces tu vida y tus relaciones son pasivas, sin convicciones y sin códigos. Así, ves a Dios como algo suave y relajado, con el cual no existe compromiso alguno, y que es permisivo en todo.

5. Un papá increíble: un papá que es un hombre de Dios o se le conoce como un papá ejemplar. Él hace lo mejor posible por criarte y que seas una persona genial. Te dio de todo, porque quizás a él le hizo falta todo, pero eso te corrompió. Este tipo de paternidad genera el bloqueo y la herida de que «crees merecer todo en la vida, no quieres pasar por procesos y piensas que no necesitas de Dios Padre». La mayoría de los hijos de un papá genial son malagradecidos. Son personas que no valoran

nada que los demás hagan por ellos, y no se dan cuenta de las bendiciones que tienen.

No sé qué tipo de papá tienes o tuviste, pero lo que sé es que no importa si fue trágico, terrible, duro, suave o increíble; un padre terrenal jamás podrá ser lo que tu Padre Celestial es. Y con esto, nuestra visión de Dios normalmente es una proyección o un rechazo de nuestro padre terrenal. Pero tenemos que entender la esencia de este mensaje, la verdad que nos libera, y eso es que:

«Dios no es un reflejo de nuestro padre terrenal, Dios es la perfección de nuestro padre terrenal».

No nos damos cuenta, pero todos nosotros estamos proyectándonos en nuestro Padre Celestial o estamos rechazando algo de él. ¿Cómo? Basándonos en el padre que hemos tenido en la vida. Y la idea es que si no resolvemos estos bloqueos y heridas, antes de que nos demos cuenta, vamos a tener una visión bloqueada de lo que realmente es Dios como Padre. ¡Y lo peor es que vamos a convertirnos en lo que más odiamos!

¡Este es el bloqueo de la paternidad! «Tendremos la paternidad de nuestro Padre Celestial bloqueada, porque todos nuestros padres terrenales se han quedado cortos». Si te ayuda en algo, como padres terrenales, todos nos quedamos cortos.

Hoy en día, seis de cada diez niños en México, mi país, están creciendo sin un padre. ¿Crees que eso no genera problemas de paternidad? ¿Crees que eso no genera una mala imagen de quién es Dios como Padre? ¿Por qué?. «Lo más importante de nosotros es lo que pensamos cuando pensamos acerca de Dios». Porque nos movemos conforme a la imagen mental que tenemos de Dios.

Y hay bloqueos que obstruyen la visión de nuestro Padre Celestial, que nos ama y quiere tener una relación con nosotros. Dios nos dice: "Te amo, estoy orgulloso de ti, te veo, te necesito." Pero lo vemos mal y por eso vamos buscando lo que necesitamos en los lugares equivocados. Buscamos amor, realización, satisfacción, aprobación. Actuamos para ganarnos todo eso, y no sabemos que tenemos un buen Padre que tiene todo lo que necesitamos.

RELACIONÁNDONOS CON NUESTRO PADRE CELESTIAL

Lo que creo es que muchos de nosotros nos sentimos abandonados. Sentimos que nos dejaron atrás, nos sentimos traicionados por la vida, abandonados por Dios. Ese sentimiento de abandono nos bloquea la paternidad celestial. Pero quiero que veas esto, porque creo que es lo que está sucediendo hoy:

«Padres terrenales que abandonan hijos terrenales tienden a crear hijos terrenales que abandonan a su Padre Celestial». ¡Necesitamos correr a los brazos de Papá! Solo así desbloqueamos la paternidad de Dios hacía nosotros.

CONSEJOS:

1. Identifica qué tipo de experiencia paterna has tenido, y cómo ha afectado tu visión de Dios.

2. Busca ayuda o consejería pastoral para una ministración de sanidad interior y de liberación por el poder del Espíritu Santo, si tienes heridas profundas relacionadas con la paternidad.

3. Estudia pasajes bíblicos que hablan de Dios como Padre, especialmente en los evangelios.

4. Practica el dirigirte a Dios como «Padre» en tus oraciones, incluso si al principio te sientas incómodo.

5. Trabaja en perdonar a tu padre terrenal por sus faltas, reconociendo que también él es humano y falible.

6. Lleva un diario donde escribas tus pensamientos y sentimientos sobre Dios como Padre. Observa cómo cambian con el tiempo.

7. Únete a un grupo de estudio bíblico o de apoyo donde puedas compartir y escuchar experiencias similares.

8. Busca un mentor espiritual que pueda modelar una relación saludable con Dios como Padre.

9. Involúcrate en actividades de servicio que te permitan experimentar el amor de Dios en acción.

10. Si eres padre, trabaja conscientemente en ser un reflejo del amor de Dios para tus hijos.

LO QUE TUS HIJOS DEBEN SABER CUÁNTO ANTES

Me gustaría también dejarte algunos ejemplos prácticos para mejorar tu comunicación con Dios como Padre:

1. Ejercicio de visualización: cierra los ojos e imagina a Dios como el padre perfecto. ¿Cómo te mira? ¿Qué te dice? Practica esto regularmente.

2. Carta a Dios Padre: escribe una carta a Dios, expresando tus sentimientos sobre él como Padre. Sé honesto con tus luchas y deseos.

3. Estudio de los nombres de Dios: investiga los diferentes nombres de Dios en la Biblia, y cómo revelan su carácter paternal.

4. Rutina de afirmación: cada mañana, mírate al espejo y di: «Soy un hijo amado de Dios». Repítelo hasta que lo creas.

5. Actividad familiar: si tienes hijos, haz una actividad donde cada uno dibuje cómo ve a Dios como Padre. Discutan las diferencias y similitudes de sus percepciones.

CAPÍTULO 22:

EL VIAJE CONTINÚA

A lo largo de este libro, hemos explorado juntos el hermoso y desafiante camino de la crianza cristiana. Desde los primeros años de corrección hasta la etapa de relación con nuestros hijos ya mayores, hemos visto cómo cada fase presenta sus propios retos y oportunidades para el crecimiento, tanto de nuestros hijos como de nosotros mismos.

Hemos aprendido la importancia crucial de ayudar a nuestros hijos a ver y experimentar que Dios es real. Más allá de eso, hemos profundizado en la verdad transformadora de conocer a Dios como nuestro Padre celestial, y cómo nuestra propia experiencia de la paternidad terrenal puede influir en esa percepción.

Recordemos que la crianza no es un destino, sino un viaje continuo. Cada día nos presenta nuevas oportunidades para ser modelos del amor de Cristo, para enseñar con paciencia, para corregir con gracia y para crecer en nuestra propia fe.

Como padres, no siempre lo haremos de manera perfecta. Habrá días de éxito y otros de fracaso. Pero en medio de todo esto, tenemos la seguridad de que no estamos solos en este viaje. Tenemos un Padre celestial que nos ama incondicionalmente, que nos guía con sabiduría y que nos da fuerzas cuando nos sentimos débiles.

Mi oración para ustedes, queridos padres, es que puedan abrazar plenamente su identidad como hijos amados de Dios. Que esta verdad transforme no solo su vida, sino también la manera en que crían a sus hijos. Que puedan ser un reflejo del amor de Dios para ellos, ayudándolos a crecer en sabiduría, en estatura y en gracia para con Dios y los hombres. Lo que tu hijo tiene que saber cuanto antes es que tiene un papá que ama a Dios y le va a servir de ejemplo.

Recuerden, el objetivo final de nuestra crianza no es simplemente criar «buenos niños», sino ayudar a formar adultos que amen a Dios con todo su corazón, alma, mente y fuerzas, y que amen a su prójimo como a sí mismos.

Que Dios les bendiga en este hermoso viaje de la paternidad. Que encuentren alegría en los pequeños momentos, fuerzas en los desafíos, y gracia para cada día. Y que al final de todo, puedan mirar atrás y ver cómo Dios ha sido fiel en cada paso del camino.

No olviden que están criando a la próxima generación de líderes, creyentes y agentes de cambio para el reino de Dios. Su labor es invaluable y eterna.

Sigamos adelante con los ojos puestos en Jesús, el autor y consumador de nuestra fe, confiando en que Aquel que comenzó la buena obra en nosotros y en nuestros hijos, la perfeccionará hasta el día de Cristo Jesús.

Que la gracia de nuestro Señor Jesucristo, el amor de Dios nuestro Padre y la comunión del Espíritu Santo sea con todos ustedes.

Con amor y oraciones,

Rodrigo Palmer

ALGUNAS PREGUNTAS QUE DEBES RESPONDER:

¿QUIÉN ESTÁ DETRÁS DE ESTE LIBRO?

Especialidades 625 es un equipo de pastores y siervos de distintos países, distintas denominaciones, distintos tamaños y estilos de iglesia que amamos a Cristo y a las nuevas generaciones.

¿DE QUÉ SE TRATA E625.COM?

Nuestra pasión es ayudar a las familias y a las iglesias en Iberoamérica a encontrar buenos materiales y recursos para el discipulado de las nuevas generaciones y por eso nuestra página web sirve a padres, pastores, maestros y líderes en general los 365 días del año a través de **www.e625.com** con recursos gratis.

¿QUÉ ES EL SERVICIO PREMIUM?

Además de reflexiones y materiales cortos gratis, tenemos un servicio de lecciones, series, investigaciones, libros online y recursos audiovisuales para facilitar tu tarea. Tu iglesia puede acceder con una suscripción mensual a este servicio por congregación que les permite a todos los líderes de una iglesia local, descargar materiales para compartir en equipo y hacer las copias necesarias que encuentren pertinentes para las distintas actividades de la congregación o sus familias.

¿PUEDO EQUIPARME CON USTEDES?

Sería un privilegio ayudarte y con ese objetivo existen nuestros eventos y nuestras posibilidades de educación formal. Visita **www.e625.com/Eventos** para enterarte de nuestros seminarios y convocatorias e ingresa a **www.institutoE625.com** para conocer los cursos online que ofrece el Instituto E 6.25

¿QUIERES ACTUALIZACIÓN CONTINUA?

Regístrate ya mismo a los updates de **e625.com** según sea tu arena de trabajo: Niños- Preadolescentes- Adolescentes- Jóvenes.

¡APRENDAMOS JUNTOS!

Sigue en todas tus redes a:

 **/e625COM**

SÉ PARTE DE LA MAYOR COMUNIDAD DE EDUCADORES CRISTIANOS

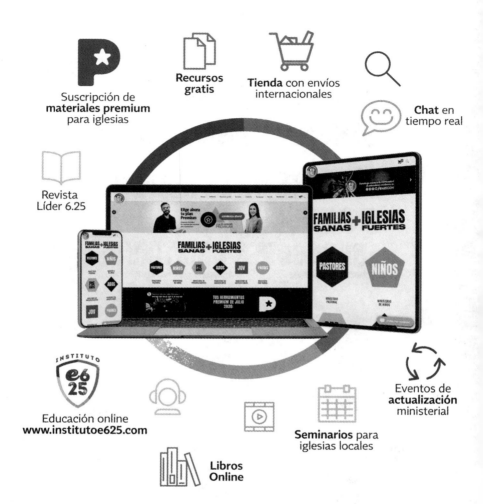